国家社科基金重大项目（13ZD&018）
国家社科基金青年项目（17CJL027）

房地产与宏观经济稳定

贾庆英◎著

中国财经出版传媒集团

经济科学出版社
Economic Science Press

图书在版编目（CIP）数据

房地产与宏观经济稳定/贾庆英著 . —北京：经济
科学出版社，2017.12
ISBN 978 - 7 - 5141 - 8868 - 4

Ⅰ.①房…　Ⅱ.①贾…　Ⅲ.①房地产业 – 关系 –
宏观经济 – 研究 – 中国　Ⅳ.①F299.23②F123.16

中国版本图书馆 CIP 数据核字（2017）第 320821 号

责任编辑：于海汛　周秀霞
责任校对：王苗苗
版式设计：齐　杰
责任印制：李　鹏

房地产与宏观经济稳定

贾庆英　著

经济科学出版社出版、发行　新华书店经销

社址：北京市海淀区阜成路甲 28 号　邮编：100142

总编部电话：010 - 88191217　发行部电话：010 - 88191522

网址：www. esp. com. cn

电子邮件：esp@ esp. com. cn

天猫网店：经济科学出版社旗舰店

网址：http://jjkxcbs. tmall. com

北京季蜂印刷有限公司印装

710 × 1000　16 开　12 印张　170000 字

2017 年 12 月第 1 版　2017 年 12 月第 1 次印刷

ISBN 978 - 7 - 5141 - 8868 - 4　定价：42.00 元

（图书出现印装问题，本社负责调换。电话：**010 - 88191510**）

（版权所有　侵权必究　举报电话：**010 - 88191586**

电子邮箱：**dbts@ esp. com. cn**）

序

    2016 年底中央经济工作会议提出"房子是用来住的，不是用来炒的"，并于 2017 年 10 月写入十九大报告中。这表明政府对待房地产的态度发生了转变，从将房地产定位为支柱产业，转变到逐步降低国民经济对房地产的依赖，这也是制定房地产长效发展机制的根本出发点和中心思想。

    近年来中国经济"脱实向虚"不良倾向明显，资金热衷于房地产和金融领域赚快钱，而不愿意进入实体经济从事生产性活动。房地产具有国民经济"秤砣"的功能，房地产在经济的平衡发展中起着重要的作用，市场经济国家依赖 70% ~ 80% 房地产作抵押"物"支撑经济系统。正因为如此，房地产价格变化对宏观经济会产生较大的影响，而每次金融危机均与房地产价格暴涨、暴跌密切相关。预防房地产领域集聚的风险对国民经济产生不利影响，防范和守住不发生系统性风险，协调房地产与实体经济、房地产与金融业的关系是我国相当长时期内必须关注的问题。

    从统计角度分类看，与建筑业相区别，房地产归于服务业。在国民经济账户体系（The System of National Accounts，SNA）的产业分类中，房地产业是"门类 L"，建筑业是"门类 F"。前者是房地产买卖、租赁、估价、契约管理服务等活动；后者是指普通和专用建筑工程及土木工程的建造。我国行业分类体系和北美产业分类体系（North American Industry Classification System，NAICS）是将房地产业与建筑业进行了单独划分，其中房地产业的"房地产开发经营代码：7010"与建筑业的"房屋住宅建筑代码：4710"容易混淆，前者是指对土地、地上建筑的买卖过程，不涉及物质生产活动；而后者，如平整土地、建筑施工等活动属于建筑业的行业范畴。所以，这里房地产业与建筑业并不是"包含"或"交叉"关系。另，国际上比较权威的产业分类体系：GICS（由标准普尔与摩根斯坦利公司推行）、GCS（由伦敦金融时报推行）等均将房地产业纳入金融业的行业范畴。

对于房地产我们首先要了解其虚拟特性。房地产实际上拥有与金融资产一样的心理预期的定价方式，资本化定价是房地产具有虚拟属性的根本原因。马克思在剩余价值理论和平均利润率理论的基础之上考察了资本主义地租，认为租地者"为了得到在这个特殊生产场所使用自己资本的许可，要在一定期限内按契约规定支付给土地所有者即他所开发的土地的所有者一个货币额，这个货币额不管是为耕地、建筑地段、矿山、渔场，还是为森林等等支付的，统称为地租。"[①] 可见地租产生的原因，即土地的所有权。土地所有者将土地承包给租地者，获得一份与土地所有权相对应的预期报酬，这种由土地所有权产生的预期报酬，与有价证券、借贷资本产生的预期报酬在本质上是相同的。[②] 由于未来一定的货币收入都可以看作一个虚拟资本的利息，于是土地具有了价格。土地的价格就是"资本化的地租"或是"地租的资本化"：$C = R/r$。例如：假设利息率为5%，一块土地每年提供 200 镑地租，那这块土地的价格就是 4000 镑。土地价格的形成遵循资本化定价方式，未来的预期是影响价格波动的重要因素。土地价格的高低也没有客观标准，土地价格表现为市场价值，但事实上没有价值，而是社会总价值的一种转移。所

① 马克思，恩格斯. 马克思恩格斯文集，第七卷，北京：人民出版社，2009：698.
② 马克思也曾说，租地农场主向土地所有者缴纳的地租，"和货币资本的借入者要支付一定利息完全一样"。（资本论，第三卷，北京：人民出版社，2004：698）

以，马克思认为"这种决定产生了一个虚假的社会价值"。① 所以，地租受利率等预期的影响，拥有与虚拟资本一样的定价公式，与土地投入的劳动多寡无关，土地不是劳动产品。

马克思主义学者大卫·哈维构建了"阶级—垄断地租"城市地租理论。他认为土地与股票、政府债券等一样是"纯粹的金融资产"，是虚拟资本的一种形式②。对于投资者而言，是否拥有土地，变成了在一般资产组合中选择何种资产的问题。而土地价值的变化，是在一系列制度因素的参与下，由特定的权力关系决定的。房地产业与金融业密切结合在一起是虚拟资本的一个重要特点。"拿发展得很快的大城市近郊的土地来做投机生意，这是一种特别盈利的业务。"③"主要利润，是通过提高地租而取得的"，因而，"建筑投机的真正主要对象是地租而不是房屋"④。所以，房地产价格可以脱离建造成本不断攀升，配合金融工具的创新，房地产领域杠杆不断延长。部分房产被购买不是基于其实体用途，而是基于地租上涨赚取溢价收益，房地产由此成为炒作的对象。那么如何抑制房地产的虚拟性，又如何从房地产领域入手促进宏观经济稳定呢？这就需要基于房地产的虚拟性理清房地产对宏观经济各方面的作用机制，探讨其对宏观经济的影响。

本书是在作者博士论文的基础上修改而成的。该书以虚拟经济理论、投入产出理论、宏观经济理论等基本理论为指导，基于房地产的虚拟性，分析了房地产在经济中的功能转变，在一般均衡框架内分析了房地产与宏观经济各部分的相互作用，进一步探讨了房地产对经济增长（总产出、消费和投资）与经济稳定（物价稳定、金融稳定）的作用机制并进行实证检验。得出的结论有一定的现实意

---

① 马克思恩格斯文集，第二卷，北京：人民出版社，1995：560.
② Harvey D. The urbanization of capital. Blakwell, 1985. p65，92 – 93.
③ 列宁选集，第二卷，北京：人民出版社，1995：621.
④ 资本论，第三卷，北京：人民出版社，2004：774 – 776.

义，提出应该营造相对稳定的房地产环境，防止朝令夕改引起房地产市场的大起大落从而影响宏观经济稳定。下一步希望作者从马克思虚拟资本、地租的角度更加深入地认识房地产的虚拟属性，以探讨经济增长和经济稳定的理论与实证关系。

贾庆英博士一直坚持房地产与宏观经济关系的研究，并获得国家社科青年基金项目：全球价值链视角下房地产泡沫对产业升级的影响机制研究，和省级社科基金项目：新旧动能转换下房地产市场对金融稳定的影响机制研究，在相关领域发表学术论文数篇。作为其导师，本人对此甚感欣慰，希望作者能保持南开学子踏实认真、不骄不躁的研究态度，在相关研究领域继续深入研究，践行南开允公允能、日新月异的精神，更好地为社会服务。

刘晓欣

2017 年 12 月

目　录

第一章

绪　　论

第一节　导　　言

　　减少经济过度波动，使经济平稳、健康发展是社会备受关注的话题。经济过热或者过冷，均会对经济体的健康运行造成损害。宏观经济的波动形成一个个经济周期，在经济周期研究中，一个不可忽视的现象是，房地产越来越频繁地成为导致经济剧烈波动的原因。20 世纪 20 年代中期，美国佛罗里达州的房地产泡沫导致了华尔街股市崩溃，从而引发了 30 年代的"大萧条"；20 世纪 80～90 年代，日本房地产的大起大落，导致日本经济随后滑向了衰退，至今尚未复苏；20 世纪末东南亚金融危机中，国际资本炒作引发房地产、股票等资产泡沫的破裂，东南诸国经济陷于崩溃的边缘；而在最近的 2007 年美国次级房屋信贷行业违约剧增、信用紧缩问题引发的国际金融市场上的震荡、恐慌和危机中，房地产市场的起落更是扮演了直接推手的角色。

　　图 1-1 为美国第二次世界大战后到 2017 年住宅投资占 GDP 的比。图中阴影部分是美国官方承认的经济衰退年份。由图中可以发现，几乎每次经济衰退之前住宅投资就已经开始下降。

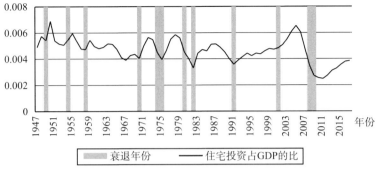

图 1 - 1　美国住宅投资占 GDP 的比

注：本图参照 Learner. E.，2007：Housing Is the Business Cycle，Working Paper 13428. 数据更新至 2017 年。

资料来源：万得资讯。

这些并不是偶然的。尤其应该注意的是，这种现象并非从来既有，而是各国金融逐步放开之后，尤其是随着金融自由化的推进，房地产逐渐成为投资抵押的主要标的，金融创新不断在房地产领域大做文章之后，房地产投资的下降开始先导于经济的衰退。由此可见，研究房地产与宏观经济的联系，探究房地产与宏观经济波动之间的关系，有利于从房地产领域入手促进经济稳定可持续发展。

我国宏观经济变动与房地产密切相关，并且随着宏观经济形势的变化，促进经济稳定的侧重点不断做出调整。改革开放以来，尤其是进入 21 世纪以来，我国经济快速发展，同时我国主要城市房地产得到了极大的发展，各地房地产开发量不断增加，价格虽有迂回但总体来说不断攀升。此阶段经济总量、投资、消费等各方面均保持较高的增长率。然而，受 2007 年美国次级贷款违约引发的国际金融危机影响，我国经济出现下滑。2008 年政府提出保增长的目标。但是在出口受阻，经济面临下行压力的情况下，这种以经济增长为单一目标的方式不利于经济的整体发展。随着 4 万亿刺激政策的实施，2009 年底出现了通胀迹象，尤其是房地产等资产价格大幅度上升。因此，2009 年 12 月中央将"经济平稳增长"放到下一年经济工作主要任务的首位。这时经济稳定的核心为"保持经济合理的增长"。随后爆发的欧洲债务危机，在美国金融危机的基础上进一步引发了全球经济的紧缩，国际贸易增速回落，国际金融市场剧烈动荡，我国经济下行压力增大。2011 年底的经济工作会议上，政府将稳增长放在首位，着力促进经济增长由政策刺激向自主增长的有序转变。2012 年以来，我国经济增长速度下降，2012 年、2013 年、2014 年、2015 年、2016 年的经济增长速度分别为 7.7%、7.7%、7.4%、6.9%、6.7%，我国经济由过去年均增长率 10% 的高速增长，降档转入中高速增长的新常态。随着经济改革的不断深入和经济结构调整的推进，我国经济增长速度趋缓，处于增长速度换挡期、结构调整阵痛期和前期刺激政策消化期三期叠加的时期，三期叠加又是改革、发展同稳定关系的具体体现。经济稳定不仅要求适中的经济增长率，更要求整个经济体的平稳运行，要求及时发现经济中的不稳定因素。传统意义上的经济平稳是在产出稳定的情况下物价水平的稳定。随着经济的发展和金融自由化水平的提高，金融在经济中的作用愈发重要，美国次贷危机等最近几次经济危机都是由金融领域引发。因此，金融稳定是经济平稳运行的重要保障。

正如每一次的波浪都是大海内外各种力量的呈现，任何一次的经济波动都是经济体各组成部分相互作用的结果。在经济经历增长、繁荣、衰退的过程中，经济学家们认为经济繁荣酝酿了下一次经济衰退，而经济衰退也同时播下了下一次经济繁荣的种子（贾俊雪，2006）。2012～2015 年我国经济增长速度下行，是由于我们认识到过去投资拉动的高速增长模式会为经济衰退埋下伏笔，为了经济平稳增长，主动进行经济结构调整、经济体制改革、经济发展方式转变。按照当时的政策继续执行下去，虽然经济会经过一定时间的阵痛期，尤其是房地产领域需要改变发展方式，经济结构会优化、经济增长质量会上升、经济将更具有发展潜力。但是在这样的经济政策背景下，房地产市场也一改往日的繁荣景象，出现降温。在过去经济发展初期，经济高速增长时期，房地产市场的发展的确为经济增长做出过突出贡献。面对经济的下行压力，呼吁启用房地产作为经济增长引擎的声音再次出现。不断有专家学者和房地产业界人士提出，再次让房地产作为经济增长的"支柱产业"、"引擎"。在此背景下，2014 年 46 个限购城市在不同程度上逐步放松或者放开限购。2015 年则出台了多轮刺激政策，从土地供应、降准降息降首付、降低税费、降低准入门槛、去库存行政任务等多方位开启了"促进房地产消费"的序幕，这直接导致了2016年全国各大城市房地产价格的"疯涨"。2016年12月相比2014年12月中国住宅平均销售价格上涨21.42%[①]，部分热点城市如北京、南京、合肥上涨幅度达到40%～50%。2016年下半年为抑制疯涨的房价，多地相继出台了新的调控政策，一直加码持续至今。然而我们可以发现，最新的一轮房价上涨并没有带动经济的整体繁荣，全年经济总量平均增长为6.7%，2016年经济增长速度持续下滑，并且经济系统内出现了严重的"脱实向虚"现象，大量的资金流向房地产领域，实体经济发展受限。2016年底的中央经济工作会议上中央首次提出"房子是用来住的不是用来炒的"，以促进房地产市场平稳健康发展，抑制房地产的虚拟性，让其实体性起主导作用。

无论是各发达国家还是发展中的各个国家，随着经济发展程度的提高，金融自由化程度的上升，房地产的虚拟性逐渐提高。那么，随着房地产虚拟性的提高，房地产作为经济体的重要组成部分如何影响经济的各个方面，在经济的波动过程中房地产在推动经济增长的同时又对经济的稳定起到什么作用呢？只有厘清房地产与宏观经济的关系并探索内部的作用机制，才能为如何引导房地产市场的发展提供参考，进而为实现经济的平稳增长保驾护航。房地产与宏观经济稳定的关系，既是一个关系到国计民生的现实问题，也是一个有重大意义的理论问题。

十几年来，我国房价的快速上涨引来国内外众多学者、投资人士甚至普通消费者的关注，"只涨不跌"似乎成为中国房地产行业的神话。国家统计局数据显示2013年12月中国房价指数是2000年1月的3倍有余，而北京、上海等一线城市更是涨势凶猛，达到四五倍之多。同时这十几年也恰恰是我国经济的腾飞期，我国经济总量于2010年超过日本，成为世界第二大经济强国。房地产作为我国经济发展的"支柱产业"曾经为经济的增长做出了很大的贡献。然而，随着经济的发展，房

---

① 根据国家统计局公布的商品住宅销售额和销售面积计算得到。

价的过快上涨带来的正面影响已经逐渐被负面影响掩盖。进入 2014 年以来，房地产业进入了一个特殊时期。国家统计局公布的数据显示，第一季度房地产销售增长速度出现了量价齐跌的情况。2014 年 5 月百城住宅均价环比上涨近两年后首次下跌，比上月回落 0.32%。对此，部分学者预测中国房地产市场即将进入下行阶段。同时，中国当前处于结构调整的攻坚阶段，经济增长速度出现放缓迹象。2014 年一季度按可比价格计算，GDP 同比增长 7.4%，第二产业增加值同比增长速度为 7.3%。面对复杂的国内外经济形势，如果中国的房地产业出现"崩盘"，中国最大的"业主"——金融机构将遭受重创，在我国当前的经济结构下实体经济也将受到威胁，中国经济将会受到重大的冲击。房地产作为一种存在虚实二重性的资产，既要作为普通的消费品提供住房功能，又类似于股票、债券等投资品为投资者提供收益。从另一个侧面看，房地产既不同于普通商品又不同于纯粹的资本品，具有区别于其他物品的特点。

首先，房地产对经济增长有着多方面的作用。由于正反馈效应，房价波动会加剧宏观经济波动，在经济扩张期房价上涨会推高经济的增长，在经济收缩期，房价下跌则会加剧经济的下滑。图 1 - 1 已经说明房地产对一国经济的重要性。根据投入产出测算，中国 2013 年，房地产业（不包含建筑业）每增加一个单位的投入，将带动 6.27% 其他产业的增长，而在美国和日本这个数值更是高达 12.97% 和 11.27%[①]。具体到消费和投资，从居民的角度来讲，房地产基本是一个家庭持有的比例最大的资产。以美国为例，家庭持有的住宅资本高于商业资本，并且大多数时候，每年市场上的新增住宅投资大于商业资本的投资（skinner，1994）。另外，大多数家庭无法一次付清巨额的房款，而是选择抵押贷款。数据显示，美国家庭的最大债务同样来自房地产，2007 年，美国家庭房地产债务占比高达 82.6%。然而房价快速上涨会扩大居民

---

① 根据世界投入产出数据库（wiod）提供的非竞争型投入产出表，利用完全假设抽取法计算的房地产业与其他产业的总关联。

的收入差距。不断上涨的房价，使得财富一方面以固定资产的形式向高收入阶层和有房者手中集聚，另一方面有房者利用房屋从金融机构获取的抵押贷款增加，从而增加了消费和投资支出，无房者的消费和投资下降，贫富差距扩大。此外，过快上涨的房价挤出了消费。持续上涨的房价给予公众房价上升的预期和不买就会吃亏的心理暗示，于是只要能够凑够首付，便加入购房大军，但是随后的月供严重影响公众的消费能力。从企业的角度来看，当企业面临融资约束需要贷款时，由于房地产交易不频繁，并且交易存在搜寻摩擦，交易成本巨大等特点成为最理想的抵押品（Morris A. Davis，2014）。由于房地产开发涉及资金大，开发周期长，房地产企业也往往以土地或者项目作为抵押，来缓解资金约束。但是房价的快速上涨将社会的资金大量吸引到房地产市场，阻碍了实体经济的发展（Miaoand Wang，2014）。因此无论是房地产价格的变动还是房地产交易量的波动都会对消费者和企业造成重大影响，从而从各种渠道影响经济增长。

其次，房地产市场的稳定对物价稳定有重要意义。2008年美国金融危机蔓延全球，中国政府为刺激经济，实施了四万亿的财政和货币政策。如此大规模的货币并没有造成很大程度的物价上涨，这应该归功于房地产市场"资金储备池"的功能。危机发生后，中国出口受到抑制，投资机会减少，而持续上涨的房价为居民和企业提供了资金避险的渠道。大量的资金流向房地产市场，缓解了物价上涨的压力。但是另一个方面，房地产作为实体经济中的重要一环，其价格的上涨也会在一定程度上推动物价的上涨，只是这种推动有一定的延期性。最直观的是其对批发零售行业的影响，由于店面租金的上涨，产品的价格随之上涨。

最后，房地产市场的健康发展与金融稳定紧密相关。上述历史经验已经简单说明房地产与经济危机的联系，而大多数的经济危机同时伴随着金融危机。无论是由于房地产开发贷款还是消费者的购房抵押贷款，资金都来源于金融市场。房地产的虚拟性使其与金融业密不可分。房地产是经济中最重要的抵押品。在经济增长平稳时期，房地产抵押贷款有利于企业缓释融资约束，抓住可能的投资机会。但是房地产领域集聚了一定的泡沫，危机来临时，房地产与金融的任何一方出现问题都会危及实体经济的健康发展，从而影响整个经济体。美国的次贷危机便是前车之鉴。最近十几年中国房地产的快速发展已经在房地产业内部和金融业集聚了大量的泡沫和风险。房地产业与金融业的紧密关联增加了房地产业风险对整个经济的影响。当前的房地产价格已经处于高位，就房地产本身的特征而言，房地产业资金占用比例高，价格波动幅度较大，其过度发展会对经济造成潜在的威胁。根据央行公布的《2014 年一季度金融机构贷款投向统计报告》，3 月末人民币各项贷款余额 74.91 万亿元，同比增长 13.9%；其中房地产贷款余额 15.42 万亿元，同比增长 18.8%。在 15.42 万亿元贷款中，房产开发贷款为 3.78 万亿元，地产开发贷款 1.12 万亿元，个人购房贷款 10.29 万亿元，此外还有保障性住房贷款。而金融机构并不是房地产企业唯一的资金来源，统计局数据显示，房地产开发资金来源中自筹资金占比仅为 20%～40%。

无论从整个经济总体平稳运行层面上还是从消费者和企业的层面上，都需要研究房地产影响经济增长和经济稳定的方式和途径。

在主流的经济学教科书中，住宅仅仅作为一种普通商品被简化处理，甚至部分教材直接将其忽略。为简化分析，在主流经济学中商品被同质化，而资本也仅涉及货币资本。但实际上，无论在需求理论、资源配置理论还是货币理论中，房地产不同于其他商品和资本品的特性，需要被认真对待。在需求理论中，随着房地产虚拟性的增加，房地产作为一个集商品和资本于一身的特殊商品无法直接纳入分析框架。例如，普通商品的需求量与价格成反比[①]，但是由于房地产具有虚实二重性，需求定律只能解释消费者的刚性需求，不能解释投机性需求。投机者购买房地产的主要目的是获得回报，价格上涨时需求量反而上升。这是房地产与普通商品出现差异的原因之一。在资源配置理论中，房地产作为抵押品的作用缓解了企业的融资约束，因此房地产价格的上涨会导致持有

---

① 当然此处排除两种特殊商品，吉芬商品和奢侈品。这两类商品的价格上涨，需求量反而增加。我们要讨论的房地产虽然会出现价格上升需求量上升的情况，但是原因与这两种商品不同。

房地产资产的实体类企业可支配资本增加，相应的企业的产出会增加。但是随着房地产价格上涨幅度的增加，房地产业成为一个回报率高的行业，社会资本被吸引到房地产领域，反而不利于实体类企业的发展，甚至有实体类企业转而进入房地产领域。也就是说，由于房地产具有虚拟特性，在资源配置中起到了一定的作用并且具体作用方向有待进一步研究。在货币理论中，经济学家们争论的一个主要问题是货币中性问题。货币是否中性取决于货币供应量与物价水平是否存在数量关系。由于房地产具有虚拟性，货币供应增加后资金会流向房地产领域，引起房地产价格的上升和房地产数量的增加。也就是说房地产具有资金储备池的功能，货币增加时，房地产吸纳了部分资金，因此物价上涨的趋势将会减弱，从而也打破了货币中性理论。

自虚拟经济理论提出以来，对虚拟经济的研究已经取得了很大进展，对虚拟经济与实体经济关系的研究也成为焦点。如何协调虚拟经济和实体经济已经上升到理论层面。现有研究二者关系的文献主要以金融业代表虚拟经济。房地产的虚实二重性决定了房地产在虚拟经济和实体经济的关系中扮演重要的角色。从房地产供求的角度来说，居民的消费需求和企业的生产需求直接与实体经济相关，而房地产的开发投资、抵押贷款和居民的投机需求则为虚拟经济的范畴。从房地产的形成过程来分析，房地产的生产过程需要实体经济的建筑业来直接完成，而建筑材料更是来自于各个细分的实体类行业，但是房地产的整个开发、设计、评估、销售等过程则属于虚拟经济类行业。房地产抵押贷款，房地产债券的存在则说明房地产与虚拟经济内部其他产业相关联。所以，研究房地产与宏观经济的关系，有助于拓展虚拟经济理论，为虚拟经济与实体经济关系提供房地产视角的补充。

针对上述问题，立足于房地产的虚拟性，本书研究房地产与宏观经济各方面的关系，致力于探讨房地产影响宏观经济稳定的各种途径和机制，并对分析结论予以实证检验。本书侧重点是抓住房地产和宏观经济稳定的两个主要方面——经济增长和经济稳定的关系。经济增长即产出的增长，从支出的角度看总产出包括消费、投资和净出口，本书目前仅考察房地产对消费和投资与产出结构的影响。经济稳定主要包括物价稳定和金融稳定。对房地产与经济产出水平、投资、消费、物价水平和金融稳定的关系分别进行深入研究，并进行实证检验，以探讨房地产影响经济稳增长的具体途径和方式，探索总结房地产与经济稳增长的关系。

全书共 7 章三个部分。其中第二、三部分为本书的主体部分。第一部分为绪论，包括第一章，介绍本书的研究背景、意义、主要结论和基本概念的界定等。第二部分为本书的理论部分，包括第二、三章：第二章首先总结房地产的主要经济功能，然后基于投入产出理论，对比分析房地产与虚拟经济和实体经济产业的关联及房地产对经济的贡献；第三章构建包含房地产部门的两部门一般均衡模型，分析房地产价格变动对经济产出、消费、投资和金融部门的影响，并结合理论分析提出相应的假说，以供实证部分检验。第三部分为本书的实证部分，本部分立足于国际面板数据，运用较为先进和流行的方法对理论部分提出的假说进行全方位检验，包括第四、五、六、七章：第四章主要分析房地产对经济产出和产出结构的影响。首先分析房地产影响消费的机制，随后实证检验房地产对消费的总效应，通过不同样本的对比，发现影响总效应的因素，并进一步对这些因素进行门槛效应检验；其次分析了房地产影响投资的机制，在区分总投资、工业企业投资和研发投入的基础上分析房地产对不同投资的影响，并将样本分组进行对比分析；最后，检验房地产价格与经济产出的相互关系，测算房地产对经济增长的贡献。第五章基于投入产出价格影响模型分析了房地产业价格变动对物价指数的影响，在合理进行产业归并的基础上，研究了房地产价格变动对虚拟经济类产业的实体经济类产业的不同。由于房地产价格变动对虚拟经济类产业的影响大于对实体经济类产业，第六章在第五章的基础上引入经济杠杆率，进一步分析房地产价格、经济杠杆和物价水平的关系，并通过构建国际 PVAR 模型，分析了货币冲击对上述三者以及它们相互之间的影响。结果发现房地产价格和经济杠杆之间存在相互促进的关系，这会影响金融系统的稳定。第七章首先检验了房地产价格与信贷扩张的关系，采用系统 GMM 方法检验了二者的相互作用；接下来对房地产价格进行了区别，计算出房地产价格对经济基本面的偏离，并以银行稳定为例对比检验了房地产价格变动和房地产价格偏离对金融稳定的影响，进一步分析房地产变动与房价稳定影响金融稳定的门槛效应。

主要结论如下：

（1）房地产的发展带动经济的增长，然而其过度发展对经济结构有负面作用，因此房地产不宜作为经济增长的引擎。实证结果虽然支持房地产对经济增长的正向作用，但是一方面由于房地产具有虚拟特性，从产业关联的角度看房地产与虚拟经济类行业关联密切，而与实体经济类关联较弱；另一方面与发达国家相比我国房地产业对经济的贡献较小，房地产对经济的带动作用有限。另外，经过分别研究房地产价格变动对消费和投资的影响，可以发现房地产对二者均存在正反两个方向的作用。房地产对消费存在财富效应，对投资存在投资效应，但是同时也对二者存在挤出效应。在部分国家和地区房地产对消费的总效应为正，但是有些地区如中国，房地产对消费表现出负向的作用。房地产对总投资有正向的促进作用，但是却会抑制工业企业投资，尤其是创新投入。房地产带动经济增长是由于其本身会促进总投资的增加，但当房地产发展过快，总体而言会挤出消费和工业企业的投资。因此房地产的发展在影响经济增长的同时，对经济体的内部结构产生了影响，一方面由于房地产与金融等虚拟经济关联密切，房地产发展过快可导致经济整体发展出现避实就虚的趋势；另一方面，房地产过快发展会抑制消费和实体产业投资，会引起产出结构和投资内部结构变化。这可以解释我国消费率下降的同时出现实体产业空心化的现象。总而言之，刺激房地产带动经济的做法弊大于利。

（2）房地产能够起到稳定物价的作用，但是由于经济杠杆和房地产价格相互增强，可能引起风险的集聚。由投入产出价格影响模型可以发现，房地产业价格变动对虚拟经济类产业价格变动影响大于对实体经济类产业价格的影响。由于消费者价格指数衡量整个经济价格变动，而生产者价格指数仅衡量实体经济价格变动，房地产业价格变动对消费者价格指数影响较大。国际比较发现虚拟经济占比高、经济发展程度高的国家上述差别更加明显。鉴于房地产与虚拟经济的密切关联，进一步对房地产价格、经济杠杆和物价水平进行考察，发现房地产与经济杠杆存在相互促进的机制，房地产市场和金融市场联合充当了经济的资本储备池，缓冲了货币政策对实体经济的冲击。对不同经济杠杆率的国家对比可以发现，经济杠杆率高的国家或地区，房地产对实体经济价格影响小，上述缓冲效应更明显。

（3）房地产通过信贷与金融联系紧密，房地产价格上涨有利于金融稳定，但是房地产价格偏离不利于金融稳定。作为经济中主要的抵押品，由于房地产具有虚拟性，房地产价格和信贷总量存在相互促进的作用机制，也将房地产与金融的联系更加紧密。当房地产价格上升时，作为抵押品的价值上升，从而通过各种渠道对金融系统的稳定性起到了正向的作用。但是当房地产价格偏离基本面时，房地产价格的偏离度越高，金融系统越不稳定。因此，房地产价格的上升有利于金融系统的稳定，但是应该保持平稳的上涨速度，防止偏离程度过高时对金融系统的负面影响。

综上所述，对于我国而言，改革开放以来，房地产对我国的经济增长和经济稳定做出了很大的贡献，但是房地产价格长期持续上涨给经济带来了一定的负面影响。由于房地产具有虚拟性，房地产与虚拟经济类产业联系紧密而逐渐脱离实体经济。随着我国城镇化水平的提高，房地产开发投资增速将会回落，这使得房地产与实体经济的联系更加微弱，带动经济增长的能力也降低，但是与虚拟经济的联系将增强。过去十几年，经过几轮的刺激政策，房地产价格持续上涨使得经济中消费率逐渐下降，工业企业投资减少，经济结构失衡，经济杠杆率不断延长，房地产价格偏离经济基本面的程度加深。此时若房地产价格下降又使得随房地产的兴起而繁荣的行业出现如 2014 年前后那般严重的产能过剩，并且房价上涨时而掩盖的金融领域的系统性风险也开始暴露，房价下降和房价偏离对金融稳定造成的双重考验将会再次出现。

第二节 概 念 界 定

在展开论述之前需要对本书涉及的核心概念加以界定，主要包括房地产、房地产业；虚拟经济、房地产的虚拟性；宏观经济稳定；经济杠杆、经济结构。

一、房地产、房地产业

传统意义上认为，房地产属于实物资产，是居民实际财富的一部分。但随着经济的发展，各国经济的虚拟化程度逐渐增加，房地产的虚拟性也逐渐显现，并受到越来越多的关注。房地产作为一种客观存在的物质形态，是房产与地产的总称，包括土地和土地上永久建筑物及其所衍生的权利。房地产业则是指围绕房地产进行的经济活动。中国国民经济行业分类标准（GB/T 4754 - 2011）是在联合国《所有经济活动的国际标准行业分类》（ISIC，Rev 4）基础上制定的。根据国际标准行业分类，"房地产业包括用自有或租赁财产进行的房地产活动，以及在收费或合同基础上进行的房地产活动，其中用自有或租赁财产进行的房地产活动不包括建筑项目的开发、土地细分与改良、住宿等"。可见，这里围绕房地产进行的经济活动实际是房地产的买卖、租赁、估价和契约管理服务等活动。建筑业则是指普通和专用建筑工程及土木工程的建造。在所有的国民经济产业分类标准中，"建筑业"与"房地产业"分属于两个不同的产业门类。[①] 对此可以通过虚拟经济和实体经济的区分来理解。建筑业是直接生产产品的，为人们提供实实在在的物质产品和实际效用，属于实体经济范畴。但房地产业不是直接的物质生产过程，是围

---

① 联合国经济和社会商务统计局《所有经济活动的国际标准行业分类》2009 版中建筑业分属门类 F，房地产活动分属门类 L。

绕房屋、土地所有权的获取、转移和维护的经济活动。房地产业创造的价值是靠人们的信念支撑起来的，因此房地产业是虚拟经济的活动领域。

二、虚拟经济、房地产虚拟性

当前对虚拟经济的定义主要有以下几种：以成思危为代表的学者们从系统科学和复杂学科的角度来理解虚拟经济。成思危（2000）认为虚拟经济是直接以钱生钱的活动。以刘骏民为代表的学者们从马克思的虚拟资本角度出发，立足于理论经济学来研究虚拟经济。刘骏民（1998，2003，2008）认为虚拟经济是以资本化定价行为为基础的价格系统，其运行的基本特征是具有内在的波动性。以林左鸣为代表的学者们从广义虚拟经济的研究视角入手，回到商品属性、价值规律和财富的本质，建立了广义虚拟经济的思维框架。林左鸣（2005）认为创造和交换满足人们心理需求价值的经济活动是广义虚拟经济。其基本特点是从内涵和外延两方面立足于全方位地研究和满足人们的心理需求。本书认同刘骏民（2008）给出的虚拟经济是在追求货币利润的目标下，通过单纯的"买卖"、"资本化"运作以及价值"炒作"等相对脱离了"物质生产过程"的价值增殖活动。是以资本化定价行为为基础的，心理支撑的价格系统。金融、房地产等行业是虚拟经济活动频繁的领域。那么相对应的实体经济是成本支撑的价格系统。

基于已有研究和上述对房地产和房地产业的界定，对房地产的虚实二重性可以有以下认识：从房地产的形成角度看，可以理解为建筑业造就了房地产的实体部分，而房地产业则造就了房地产的虚拟部分。从房地产的需求角度看，对房地产实物的需求，如居住、办公、厂房等利用的是房地产的实体性。购买房地产用于投资，希望从价格上升中获取收益，或者用来抵押贷款缓解金融约束，则利用房地产的虚拟性。从房地产的价格波动来说，如果不存在房地产的虚拟性，房地产的价格将会围绕建筑成本加成得到的"实际价格"小幅度上下波动，而这是由实际收入等经济基本面决定的。由于房地产的虚拟性，房地产的价格有了很大的上升空间，波动幅度增大。但是与纯粹的虚拟资本如股票的差别是，房地产还具有实体性，因此价格一般不会跌为零。随着经济虚拟化程度加深，围绕房地产出现的金融衍生品使得房地产的虚拟性得到了充分的展现。

三、宏观经济稳定

宏观经济调控的目标是经济增长、物价稳定、充分就业和国际收支平衡。宏观经济稳定应当作为一个国家长期发展目标，促进经济的长期平稳可持续健康发展，而不是为应对暂时的经济波动制定的短期目标。那么要想经济长期平稳可持续发展，首先需要经济增速的稳定，也就是稳定的经济增长率。类似于我们驾车前行，突然的增速或者突然的减速都有可能造成乘车人的不适应。因此，宏观经济稳定的第一个方面应该需要经济产出平稳增长。经济总量从支出的角度总体来说包括消费、投资、净出口，各部分在总产出中的比重表示为经济结构。恰当的经济结构是经济长期可持续增长的重要保障。本书关注的宏观经济稳定的第一个方面为经济平稳增长，包括总产出、经济增长率、消费、投资及经济结构的稳定。由于房地产在实体经济领域既是居民遮风避雨、提高生活质量的住所，又是厂家生产仓储、实现产品价值的场所，因此要关注的物价稳定不仅要包括消费者物价稳定还应该包括生产领域的价格稳定。房地产具有虚实二重性，如果仅考察房价对物价稳定的影响，则会忽视国民经济各产业的相互影响，因此还应该从产业投入产出角度考察。就业和国际收支问题也是宏观经济稳定的重要保障，但是一方面大多数时候就业和经济增长是一枚货币的两面（历史上，仅仅在20世纪70年代"滞涨"时期出现过经济停滞和高失业率并存），另一方面房地产是不可贸易商品，国际收支方面与国际资本流动的关系比较密切，我们将在后续研究中再展开论述。

此外，随着金融的发展和凯恩斯主义经济学在经济领域起到的重要指导作用，各国的宏观经济越来越受到货币政策和财政金融政策的影响，而金融危机已经成为宏观经济稳定的一颗不定时炸弹。所以考察宏观经济稳定不能忽略金融稳定。

目前对宏观经济稳定的理解是一种头疼医头脚疼医脚的狭义的理解，经济增长速度变动则稳定增长率，出现产能过剩则调整经济结构，预期可能出现通货膨胀和较高金融风险则防通胀、控风险。如果将经济平稳增长提高到长期统领全局的地位，调结构、防通胀、控风险、促改革等全部都在经济平稳增长的框架下，变被动接受为主动防患于未然，从而能够为经济的健康可持续发展提供保证。因此宏观经济稳定应该包括经济增长率的稳定（经济增长）和经济环境的稳定（经济稳定），将经济平稳增长放到长期发展目标的高度后，经济稳定是为了保证经济增长的可持续，而适度的经济增长率也降低了风险的发生，维护了经济稳定。

因此，本书对宏观经济稳定的概念界定如下：宏观经济稳定是指经济的长期平稳运行状态，包括经济增长率的稳定和经济环境的稳定。要保证经济稳增长，需要合理的经济结构和经济制度设计来保证稳定的经济增长率，需要稳定的物价水平和稳定的金融市场来保证经济环境的稳定。

四、经济杠杆率、经济结构

经济杠杆从测度的范围上可以分为宏观经济杠杆、微观经济杠杆。宏观经济杠杆是指一个国家或地区的经济杠杆；微观经济杠杆率则为经济主体资产负债表反映出来的杠杆率，包括金融部门杠杆、非金融部门杠杆（企业和家庭）。经济杠杆从测度的内容上分为负债角度的经济杠杆率和资产角度的经济杠杆率。国际通用的宏观经济杠杆率一般用总债务与 GDP 的比值表示，或者用总信贷与 GDP 的比表示，均是从债务角度测度的。而微观经济杠杆率既有从债务角度分析负债占总资产的比，也有从资产角度分析净资产与总资产的比。宏观经济杠杆率的变化来源于微观经济杠杆率的变化。由于经济杠杆的延长需要发达的金融市场，需要金融机构参与创新金融工具，也需要房地产虚拟性的展现。一个国家的经济杠杆率在一定程度上反映一国经济的虚拟化程度。

如图1-2为美国1980年以来实际房价指数和家庭负债率的趋势图。经济杠杆率的变动与房地产价格的变动有很强的关联性。因此本书在分析房地产对宏观经济的影响时会将经济杠杆率的变动纳入讨论范围。

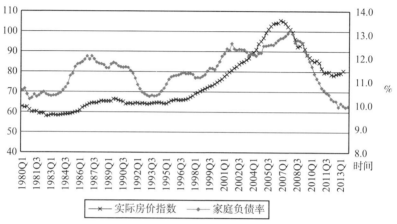

图1-2　美国家庭负债率与房地产价格变动趋势

经济结构是指经济系统中各相互关联的组成部分之间的相对比例关系，对于一个国家而言，是指国民经济的组成和构造。主要包括产业结构（第一、二、三产业的比例关系，农业、轻工业、重工业的比例关系），分配结构（土地、劳动和资本报酬比），产出结构（消费、投资和出口的比例关系）等。在区分了实体经济和虚拟经济后，本书所指的经济结构主要包括两个方面，首先是虚拟经济和实体经济在整个经济中的比例关系，其次消费和投资的占比。为了强调实体经济中工业的重要性，本书还将工业增加值占GDP的比作为经济结构的一个指标，用来作为影响房地产虚拟性的变量。每个国家或地区在某个特定时期的经济结构是不同的，经济结构伴随着经济的发展而不断自觉或被动地进行着调整。因此，不存在绝对意义上的最优经济结构，只有对于某个国家或地区在某个特定阶段上较适合的经济结构。

第二章

房地产在国民经济中的
功能与作用

本章首先在介绍虚拟经济的基础上从房地产的虚实二重性入手，结合现实分析房地产的主要经济功能，接下来基于投入产出理论分析房地产与虚拟经济产业的关联和房地产对经济的贡献。最后在本章小结部分将结合前面的理论分析，阐述本书的初步观点。

第一节 房地产的虚实二重性

一、虚拟经济

在虚拟经济研究的初始阶段，学者们以虚拟经济的概念为基础，以资本市场和衍生品市场为基点提出虚拟经济理念，并展开广泛的讨论。成思危（2003）指出虚拟经济系统的五个特征：复杂性、介稳性、高风险性、寄生性和周期性，为后来学者的研究奠定了基础。虚拟经济与实体经济关系的研究是学者们始终关注的问题。在虚拟经济研究的初始阶段，大多停留在理论层面上。学者们通过理论模型或者思辨的论述来探讨虚拟经济与实体经济之间的关系。

随着虚拟经济研究的逐步推进，为进行实际应用，对现实经济中不断出现的问题进行解释和模拟，需要考虑虚拟经济的核算和计量。部分学者（如刘骏民、肖红叶，2005）通过构建全象资金流量观测系统、虚拟经济核算体系等对虚拟经济进行核算。另外有些学者（刘晓欣，2012）则通过现有的核算体系，划分虚拟经济与实体经济直接进行核算，并在此基础上进一步探讨虚拟经济与实体经济的关系，这时的研究大多是结合实际数据对二者关系进行计量检验。

对虚拟经济与实体经济关系的研究一直处于虚拟经济研究的中心地位。从最开始的理论探讨、模型分析，到后来的实证检验，现实应用分析，虚实关系及虚实比例问题吸引了越来越多人的关注。成思危（2000）认为如果将实体经济系统看成是经济系统中的硬件，则可认为虚拟经济系统是经济系统中的软件。成思危提到的虚拟经济的"介稳性"和"寄生性"，就提出了一个虚拟经济与实体经济关系的更复杂的模型。从单个经济体看，虚拟经济越强，其介稳性和寄生性就越明显。刘骏民、张国庆（2009）分析了虚拟经济介稳性产生的原因以及由此产生的影响，认为资本化定价、货币的虚拟化、正反馈效应、国际金融投机活动及金融创新的深化和监管缺位促成了虚拟经济的介稳性特征，并指出正是由于正反馈效应的作用，虚拟经济系统累积的风险不断加大。金融危机是对正反馈作用的一种强制性调整，随着全球经济的恢复，虚拟经济仍会继续回到介稳状态，这是由虚拟经济系统本身的特性决定的。价值化积累研究是虚拟经济与实体经济关系命题的延伸，是积累与经济增长动态关系的理论探讨。刘晓欣（2005）认为"经济增长是以积累为基本动力的，当积累逐渐价值化时，经济的虚拟化程度就必然加深"。王国忠（2005）在研究经济虚拟化，虚拟经济与实体经济关系的基础上，认为虚拟经济稳定是当代经济稳定的核心并建议建立虚拟经济与宏观经济观测系统。针对成思危提出的虚拟经济的复杂性特性，王爱俭（2007）做出了进一步的研究，她认为虚拟经济是复杂性系统，借助复杂性科学研究虚拟经济可以为虚拟经济的研究方向提供有益指引，从而找出虚拟经济的内在特征与演化规律，进而为构建虚拟经济风险预警系统提供基础。基于上述认识，她分析了复杂学科研究虚拟经济的可行性，并尝试构建了虚拟风险预警系统。

孟令国、邓学衷（2001），陈珩（2002）研究了虚拟经济对实体经济的影响机制，认为虚拟经济自萌芽之日起便对实体经济起着巨大的推动作用，但是虚拟经济与实体经济之间也存在着矛盾，虚拟经济的波动掩盖了实体经济运行中存在的总量失衡和结构问题，虚拟经济过度发展会放大二者之间的矛盾，极端情况下会导致金融危机的爆发。李晓西、杨琳（2000）不仅分析了上述关系，还指出虚拟经济过度膨胀引起的泡沫经济对实体经济发展造成巨大的危害，如扭曲资源配置方式、降低资源配置效率，扭曲消费方式、恶化国际收支状况，破坏金融系统运作、引发金融危机等。白钦先（2003）认为，通过各种机制，虚拟经济对实体经济能够产生促进和抑制作用，具有明显的"双刃剑"特征。王爱俭（2003）不仅从逻辑上探讨二者之间的辩证关系还从货币数量论的角度分析二者的关系，认为虚拟经济和实体经济对现代经济有双轮驱动作用，二者的发展存在正负两种效应。

刘金全（2004）通过定量研究发现虚拟经济对实体经济具有显著的"溢出效应"，无论是货币供给规模还是价格水平的波动，都存在着对实体经济规模和增长的正向作用和影响；同时，实体经济对虚拟经济也具有显著的反馈影响，并且反馈过程具有一定的规则性和灵敏性。这说明虚拟经济与实体经济的协调发展不仅是经济政策有效性的基础，而且也是保持经济长期稳定增长的必要条件。何宜庆、韦媛辉（2006）实证分析发现虚拟经济部门产出对实体经济部门产出的边际溢出效应大于实体经济部门对虚拟经部门的边际溢出效应，证明1978～2004年期间中国虚拟经济与实体经济互动发展基本上是处于"供给引导型"阶段。

伍超明（2003）通过构建货币、虚拟经济和实体经济模型，发现货币流动的非对称性和资产收益率相等的偶然性导致虚拟经济与实体经济的背离。并以美国数据为例展示了二者背离的方向和走势。龚颖安（2010）在分析虚拟经济与实体经济相互作用机理的基础上，对2007年到2009年中国虚拟经济交易规模与实体经济增长和政府货币政策之间的关系进行实证分析。结论为市场流动性是决定虚拟经济运行的影响因素，虚拟经济对实体经济增长有很大影响以及货币政策显著影响经济增长。杨玲（2011）运用 VAR 模型脉冲响应函数、方差分解函数及格兰杰因果检验等计量方法对美国和中国虚拟经济与实体经济的关系进行了分析，发现美国虚拟经济脱离实体经济太远，但我国虚实两大经济体间是存在关联的，虚拟经济发展仍然依托于实体经济。王洪波（2012）构建了滚动回归模型，使用 CUSUM 检验与 CUSUMSQ 检验，对中国虚拟经济与实体经济双向效应进行实证分析，得出中国虚拟经济与实体经济在发展过程中会出现结构性突变、虚拟经济与实体经济开始出现背离趋势、虚拟经济与实体经济的相互影响效应不对称的结论。

二、房地产的虚拟性

随着经济虚拟化程度的加深，房地产的虚拟性不断展现，这吸引了众多学者进行研究。早期对房地产虚拟性的研究几乎都围绕土地的租金问题。随着房地产虚拟性的不断加强，对房地产的研究侧重于房地产的虚拟属性。学者们从不同的角度切入研究，例如区分房地产的消费属性和投机属性，房地产与经济基本面的关系，以及房地产虚拟性（投机属性，泡沫）产生的原因等。国外学者（如 Henderson et al.，1983）研究发现房屋本身既是消费品又是投资品。谭晓红（2012）从虚拟资本理论和预期理论入手，引入相关模型阐释房地产价格泡沫的形成机理。房地产作为一种商品，越来越多地表现出虚拟资产的特性。随着房地产作为投资品功能的加强，房地产价格与其成本、自身属性等因素的关系逐渐脱离，而受纯市场因素的影响程度越来越大，即越容易出现大涨大跌的异常波动，引发房地产泡沫的膨胀和破裂。祝宪民（2013）通过构建计量模型，利用中国省级面板数据研究发现房价及其增长速度既取决于实体经济因素也取决于虚拟经济因素，具有虚实二重性。

部分学者认为在大多数国家和地区经济基本面如收入、人口、地价和城镇化等还在一定程度上决定房价的变化。霍莉·肖恩等（Holly Sean et al.，2006）研究了美国各个州的实际房地产价格在多大程度上由经济基本面和正常经济冲击决定。结果显示，美国大部分州的房地产价格没有偏离基本面，有个别地区出现了房地产泡沫现象。况伟大（2013）研究发现收入是影响房价的最主要因素；城市化越快，房价越容易上涨。梁云芳、高铁梅、贺书平（2006）计算了房地产均衡价格水平以及房地产价格偏离均衡价格的波动状态，发现我国房地产市场价格的偏离只是受部分地区的影响，即存在"局部泡沫"。张所地等（2014）研究了我国城市层面的房地产价格与租金之间的关系。结果发现在房地产宏观调控影响下的房价和租金之间的关系因城市而异。王岳龙、武鹏（2009）利用 2002～2008 年中国 28 个省份的月度面板数据，重新检验了房价与地价的关系。计量结果表明无论是长期，还是短期，房价对地价的需求拉动作用都明显，而地价对房价的成本推动作用主要还是体现在较长时间中。黄静、屠梅曾（2009）研究发现我国东部经济地区地价对房价的长期影响程度较大，而中部省会城市的房价对地价的长期影响程度大；总体而言房价对地价长期影响的程度高于地价对房价的影响。

然而也有许多学者研究发现虽然经济基本面和地理因素的不确定性减少，但是房地产波动的不确定性仍然很大。沈悦、刘洪玉（2004）利用中国 1995～2002 年城市数据分析了经济基本面和住宅价格指数的关系，发现随着时间的推移，经济基本面对住宅价格的解释能力减弱。周京奎（2005）通过对 14 城市的截面数据分析发现收入对房地产价格没有显著影响，房地产价格上升主要是由投机来推动的，说明房地产价格极大地偏离长期均衡值，市场出现了非理性繁荣。安辉、王瑞东（2013）同样认为我国经济基本面已经很难解释当前房地产价格的走势，而主要的影响因素为房地产调控政策，包括土地政策、保障房政策、货币政策、信贷政策。史永东、陈日清（2009）通过构建理论模型发现并进行实证检验，发现房地产价格受按揭贷款额度、按揭贷款利率、居民财富等多种因素的影响。在适应性预期下，房地产价格的自身冲击取代收入水平成为影响房价的主要因素。

对于房地产虚拟性的原因，学者们也是从不同的侧面进行研究。部分学者直接分析房地产虚拟性的原因。郭金兴（2004）认为虚拟资产的主要特征之一为价格的强波动性，房地产虚拟性的原因主要在于其耐久性和不动产效应。类似地，王千（2006）认为房地产虚拟性产生的另一个重要原因在于房地产成为投资品。祝宪民（2005）认为房地产的虚拟性固然体现在房地产成为投资品，而房地产之所以能够成为投资品，一方面是由于地产的不可移动性和稀缺性，另一方面则是由于房地产金融市场的发展使得房地产资产的流动性增加。闫妍等（2011）研究了房地产及其金融衍生品的虚拟价值，认为其虚拟价值具有"边际不存在和边际无时不在"的非边际化特征。此外，许多学者研究房地产投机、房地产泡沫产生的原因。姜春海（2005）认为投机泡沫是指由于市场交易主体系统性上涨预期和投机而引发的资产价格脱离市场基础决定的基本价值的持续上涨，其本质上是一种价格运动现象。周京奎（2004，2005）认为房地产投资中存在着大量的投机行为，是房地产价格及房地产泡沫形成的关键性因素之一。进一步，探讨了房地产投机理论，对中国房地产市场的投机进行了深入分析。张亚丽、梁云芳、高铁梅（2011）预期人均实际收入和预期房地产收益率是房价持续快速上涨及波动的主要因素。

自 1998 年虚拟经济的概念提出并被详细阐述开始，国内对虚拟经济的研究已经走过 20 年的历程，对虚拟经济的研究也是由浅入深、循序渐进的过程。目前来看，虚拟经济的研究仍然是沿着两条路线在继续发展。一方面从理论层面对虚拟经济内涵的深入研究，对于虚拟经济的内涵和外延不断有人提出新的想法，如林左鸣提出广义虚拟经济的概念并获得了学术界的积极响应，刘骏民在已有研究的基础上，通过虚拟经济的视角对传统理论经济学的经济增长理论、资源配置理论和货币中性理论提出了质疑，并提出了自己的观点。另一方面通过对虚拟经济的核算，解释和模拟当前的经济，分析当前欧美国家及中国面临的经济问题。虚拟经济理论能够较好的解释美国次级贷款危机、欧洲债务危机等现实问题。

房地产作为虚拟经济活动的重要领域，对其虚拟性的研究也伴随着虚拟经济的研究不断深入。对房地产虚拟性的研究主要围绕房地产虚拟特性的内涵、原因和表现展开。虚拟经济理论和房地产虚拟性的相关研究为本书的研究奠定了坚实的基础，然而利用房地产的虚拟性来解释经济现实的研究相对较少，而利用经验数据对房地产虚拟性与经济关系进行严格计量检验的研究更少。

第二节　房地产的主要经济功能

研究房地产首先应该明确房地产对经济的功能。随着人类社会的发展，房地产的功能逐渐得到拓展。每一项功能的增加都伴随着市场经济的不断发展。房地产在最初便是不可或缺的生活资料和生产资料。房地产作为生活资料的主要功能除了提供遮风避雨（庇护）的场所外，还是重要的休息、娱乐和生活空间。房地产作为生活资料的功能是其他任何生活资料不可取代的，居民可能会由于预算约束降低居住要求，但是不可能完全用其他生活资料取代，因此居民住房与其他消费的替代弹性较小。房地产作为生产资料主要是为生产和经营提供活动空间或场地，主要是工业厂房、仓库等。土地承载了人类的基本活动，房地产作为生产资料的功能延伸了土地的功能。各国经济的发展和金融改革的不断深入，房地产在经济中起到的作用已经逐渐增多，除作为基本的生产和生活资料外，还主要包括以下几个功能。

一、房地产是财富价值化积累的重要载体

随着金融的全球化和各国信用体系的发展，社会和家庭财富的积累方式已经发生了转变。衡量一个国家和家庭财富的标准已经不是持有实物资产的多少，而是资产价值的大小。国民经济的核算体系由最开始的物质平衡表（MPS）转化为当前的价值核算（SNA），GDP的创造不仅仅依赖物质生产过程，房地产和金融等服务业也同样能够创造GDP。对

房地产价值的评价也不再是面积和容积，而是其市场价值。刘晓欣（2005a）在《虚拟经济与价值化积累——虚拟经济的历史与逻辑》一书中深刻地揭示了财富积累方式的变化导致的财富观念的变化以及经济虚拟化的过程。当财富的积累方式由实物积累转向价值化积累，财富的载体也发生了重要的变化，实物资本已经不能满足价值化积累的需要。刘晓欣（2005b）指出"所谓价值化积累是指以价值表现的广义的储蓄，包括股票、债券及地产等虚拟资产表现的财富的集聚与增长。"

与金融资产相比，房地产具有保值增值的特点，更加具有抗风险性，是家庭财富的主要组成部分。表2-1为中国中等资产阶层资产平均构成，数据显示房地产总价值在居民家庭资产中占比高达80%。在美国等发达的市场经济国家，由于其金融较发达，金融资产在居民家庭财富中所占比重较大，但是房地产是除金融财富外占比最高的资产。在金融危机前的2007年，美国金融资产和住房市值占家庭总资产的比值分别为63%和28%。

表2-1 中国中等资产阶层资产构成

	2011 年		2013 年	
	资产价值（元）	资产占比（%）	资产价值（元）	资产占比（%）
房地产	167677	0.796	217885	0.802
房屋	141345	0.671	188309	0.693
土地	26332	0.125	29576	0.109
工商业	5008	0.024	6704	0.025
汽车	6151	0.029	8886	0.033
金融资产	21998	0.104	24166	0.089
其他资产	9791	0.046	14109	0.052

资料来源：甘犁，尹志超，谭继军. 中国家庭金融调查报告 2014. 西南财经大学出版社，2015.

　　财富价值化积累一个重要影响就是随着虚拟资产价格的波动，家庭财富会随之发生大幅度的波动。随着美国 2007 年底金融危机的爆发，股票市场崩盘，房地产价格暴跌，美联储数据显示美国家庭财富 2010 年比 2007 年缩水将近 40%，剔除通货膨胀因素后相当于重返 1992 年水平。相比美国，我国居民家庭财富中占比最高的是房地产，也就是说房地产是当前我国财富积累的主要载体，那么房地产价格的变动对我国居民家庭财富的影响将会更大。

　　房地产成为财富价值化积累的载体后，将不仅仅满足消费和生产的需要，还成为一种重要的投资品。商业地产、写字楼、旅游地产等都利用房地产的投资属性。随着房地产中介（出租和买卖）市场的发展，住宅逐渐成为投资的对象。投资者一方面可以通过出租等方式获取收益，另一方面可以利用房地产价格的上涨来对冲通货膨胀对资本的稀释，防止资产贬值。经典的经济学分析中，购买房地产的行为的确是一种投资，而只有租房才是消费。但是房价的持续上涨，往往会吸引短期投机获利者的参与。投机者往往利用抵押贷款的杠杆效应，利用相对较小的资金大量买入房地产，刺激房价的上涨，在房价高位时卖出变现，从而获取收益。中国著名的"温州炒房团"就是典型的投机者的代表。投机使得房价的波动幅度增大，影响了其他正常功能的实现。

　　由于房地产交易额度大，大多数购买者不能像其他商品一样全额支付，也不能像金融资产一样任意分割，如果没有金融机构的介入，大多数的潜在需求者将被拒之于房地产市场门外。而金融机构的参与，使得购买大额房地产成为可能，购买者只需缴纳一定比例的首付，并且能提供稳定收入来源的证明，就会从银行获取贷款。可以说首付制度促使房地产买卖双方达成交易的同时给银行带来了盈利。房地产资本由于标的物大、循环周期长等特点，往往在价格上涨时成为投机者追随的目标。首付制度的实行，降低了投资的准入门槛，投资者用首付的额度撬动了房地产价值量大小的投资。对房价上涨的预期吸引大量投机者的参与，从而进一步推高了房价，走高的房价美化了企业、家庭和银行的资产负债表，进一步提高了银行可贷款额度，推动房价的继续上涨。而这就是下面要介绍的房地产作为经济体"秤砣"的功能。

二、房地产是经济的"秤砣"

由于其固定性、耐久性和保值增值等特点，房地产缓解了由于信息不对称和道德风险等市场失灵造成的金融摩擦，成为金融机构发放贷款的主要抵押物。抵押贷款占各种担保方式贷款的比例较大。图 2－1 为中国工商银行 2007 年以来抵押贷款占总贷款的比例，截止到 2013 年底，抵押贷款几乎占总信贷的一半。住房抵押贷款被银行认为是风险相对可控、贷款利率高、贷款收益期长的贷款品种。美国抵押贷款占银行贷款的比例更是高达 60%。

房地产作为主要抵押品实际上对于整个经济而言起到了秤砣的功能（刘晓欣，2008），而对经济起作用的大小一方面取决于秤砣本身的重量，另一方面也取决于"秤杆"——金融杠杆的长度。随着经济虚拟化程度的提高，经济对金融杠杆的依赖程度增加，房地产作为秤砣四两拨千斤的作用就越明显，房地产价值的变化对经济的影响程度也就越大。作为市场经济的基本抵押品，房地产降低了企业、个人和银行的个别风险，在经济上升期，稳步上涨的房价缓解了经济主体的资金压力，促进消费和投资，推动了经济的增长。房地产价值越大对消费和投资的撬动作用也就越大。但由于房地产已经成为财富价值化积累的载体，容易成为投资和投机的对象，房地产的价值变化（主要表现为价格波动）也就越大。这意味着通过杠杆的放大作用，房地产对经济的影响也在增大。如果房地产价格下降的同时金融杠杆延长，那么对经济的负面作用将会减轻。但是现实情况往往是房价下跌的同时杠杆也会缩短，秤砣重量的减轻和秤杆的缩短将会使经济失去支撑而瞬间崩塌。随着经济的虚拟化，虚拟经济支撑的经济出现了脆弱性。那么要保证经济的稳定，就必须要一个平稳运行的房地产市场，防止秤砣重量大小的变化对经济过分的扰动，同时也要关注秤砣和秤杆的相互作用，防止二者同时增长引发泡沫的产生。

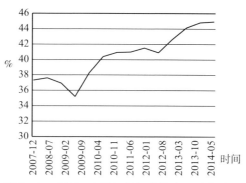

图 2 - 1　中国工商银行抵押贷款占总信贷的比

资料来源：中国人民银行。

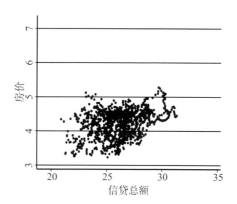

图 2 - 2　房价与信贷散点图

资料来源：国际清算银行、世界银行。

三、房地产是经济的资金储备池

布雷顿森林体系崩溃后，货币的发行取消了金本位制，国际货币的发行主要靠各国央行根据本国实际经济情况定夺。因此，美元、欧元等在世界外汇储备中占比较高的货币的扩张速度决定了世界流动性的膨胀程度（张云、刘骏民，2008）。自 20 世纪 80 年代以后，美国经常项目逆差是其对外提供流动性的主要渠道。然而全球性的流动性过剩，并没有直接推动物价的快速上涨，却推动了各国资产价格的上涨，中国等处于经济增长阶段的国家成为资金的避风港，虚拟经济整体成为资金最大的储备池。房地产作为虚拟经济的重要组成部分，在吸纳资金方面起到了重要的作用。相比股票、债券等金融资产，房地产具有虚拟二重性，有更强的抗风险能力。利用房地产的抵押贷款功能，又能够将一定量的资金输送到实体经济（张云、刘骏民，2008）。

作为资金储备池，在流动性扩张阶段，房地产吸纳大量的资金，缓解了外部不利冲击对实体经济的通货膨胀压力。而在经济的收缩阶段，由于房地产还具有实体性的一面，能较好地缓冲经济下行的压力，并且相比股票等金融资产，房地产的流动性较差，给予市场一定的时间调整预期。例如，2007 年美国金融危机发生后，全球经济出现震荡。中国经过了 30 多年的改革开放也已经与世界经济连为一体，发生危机后股票市场应声而降，上证指数从 2007 年 10 月 16 日的 6124.04，下降到 2008 年 10 月 28 日的 1664.93，短短一年时间市值蒸发掉 60% 以上。而房地产市场虽然同样出现下降趋势，但是由于流动性较差，在国家采取刺激性应对措施后随着市场预期的调整，转跌为升，并在此后的一段时间内代替股票独自充当经济的资金储备池。

上述分析的是房地产的资金储备池功能，但是当房地产领域出现投机而形成价格攀升后，便不再是等待资金流入的储备池，而是资金的聚集器。一旦房地产价格出现攀升，对于房地产开发商除了正常的利润外，还会有在开发过程中形成的溢价，从而房地产行业的利润将会高于其他行业的利润。根据平均利润率理论，资本要求等额投资获取等额利润，资本会自动流向出现超额利润的领域，因此，本用于其他领域如实体经济的资金便会流向房地产领域，导致房地产的供给增加。对于消费者而言，面对房地产价格的上涨，往往会缩减消费支出，优先购买房屋，从而获取房地产价格升值的收益，最大化终生的利益。短期而言，房地产价格过快上涨，将会挤出消费和投资，吸取社会资金，成为经济的资金聚集器。长期而言，房地产价格过快上涨则会导致经济结构发生改变，资金过度流向虚拟经济，出现产业空心化等现象，影响经济的可持续发展。

四、房地产是经济增长的助推器

房地产推动经济增长的一个重要方面是房地产能够增加政府的财政收入。房地产增加财政收入的方式取决于经济制度的设计。我国土地为国家所有，个人或单位需要向国家缴纳土地出让金获取土地的使用权，在房地产开发和销售阶段需要向政府缴纳各种税费，而在持有阶段目前没有财产税（已经在上海和重庆试点的物业税不能称之为真正意义上的财产税）。那么我国房地产与财政收入的主要关联在于房地产投资开发和销售阶段。这正是我国地方政府积极推动房地产开发的主要原因。近几年随着房地产价格的直线上升，我国各地土地出让收入占地方财政收入的比也在增加，重庆和天津在2007年和2009年高达80%。而像美国等土地私有制国家，房地产与财政的主要关联在于持有阶段的财产税，数据显示美国80%的地方财政收入来源于财产税，而房地产的财产税占总财产税的75%（崔裴，2008）。因此，相对而言美国地方政府的财政收入比较稳定，政府没有动力推动房地产开发投资。

房地产业是经济产业链中重要的一环，房地产业的发展能够带动经济的增长。但是，房地产带动经济增长的作用大小是存在争议的。我国自房地产市场化改革以来将房地产业列为经济的主导产业、支柱产业，以带动经济的发展。包宗华（1993），李岚、杨红旭（2006），刘福垣（2003）等均认为房地产应该作为支出产业予以支持。而易宪容（2006），陈多长、方盛静（2008）等却认为房地产不应成为经济的支柱产业，陈多长、方盛静（2008）通过分析得出房地产业不适合做基础产业、先导产业、主导产业和支柱产业。本书认为房地产促进经济增长的作用是毋庸置疑的，但是现实中将固定资产投资增加带动的经济增长归并到房地产，从而放大了房地产对经济的贡献。房地产价格上涨，确实会带动固定资产的增加，但是这是由于我国处于城镇化阶段，新增房屋建设比例较高，投资的增加的确会推动经济增长，并且全国各地工业园区和高新区的建设也为经济的发展增添了动力。但是随着经济进入新常态，房地产的功能逐渐向服务业转变，房地产也应该回归本位，相应的政策应该以保持房地产市场的平稳运行，保障房地产作为财富载体、经济秤砣和资金储备池的功能，防止房地产成为经济的资金聚集器。

第三节　房地产在国民经济中的主要作用[①]

本节以投入产出理论为基础，分析房地产业与其他产业的关联性，以观测房地产与虚拟经济类产业和实体经济类产业关联的差异，从而进一步考察房地产的虚拟性；接下来从行业增加值和 GDP 占比两个方面分析房地产业对经济增长的贡献。

一、投入产出理论

吸收了古典经济理论、马克思的再生产理论、瓦尔拉斯的一般均衡理论和凯恩斯的国民收入理论的部分思想，并受魁奈的经济表、苏联国民经济平衡表的启示，美国经济学家里昂惕夫（Leontief，1941）创立了投入产出理论，又称为产业关联理论。投入产出理论通过编制投入产出表，来研究国民经济各部门生产投入和产品分配的平衡关系。投入产出表从纵向看为投入表，反映各部门的投入情况，包括中间投入、初始投入；从横向看为产出表，包括中间使用和最终使用。在投入产出表的基础上可以建立数学模型来研究产业间的关联，可用于经济预测、决策和政策制定。

在投入产出表的基础上，通过计算产业间的消耗系数、分配系数、

---

① 本部分内容核心观点已经发表于《经济纵横》2015 年第 4 期。

影响力系数和感应度系数来计算产业间的相互关联，并且可以计算某一个产业对经济整体的拉动作用，考察该产业在国民经济中的地位。投入产出表根据是否区分进口中间投入分为竞争型投入产出表和非竞争型投入产出表。随着投入产出技术的发展，在投入产出表的基础上计算产业间的关联有多种方法，下面将以非竞争型投入产出表为例对非完全抽取假设法进行简单的介绍。表 2 - 2 为非竞争性投入产出表的基本结构。

表 2 - 2　　　　　　　　　非竞争型投入产出表基本结构

投入\产出		1	……	n	家庭消费	政府消费	固定资产投资	出口	总产出
国内	1	$Z_{1,1}^d$		$Z_{1,n}^d$	C_1^d	G_1^d	F_1^d	E_1^d	X_1
中间	……	……	……	……	……	……	……	……	……
投入	n	$Z_{n,1}^d$		$Z_{n,n}^d$	C_{35}^d	G_n^d	F_n^d	E_n^d	X_n
进口	1	$Z_{1,1}^m$		$Z_{1,n}^m$	C_1^m	G_1^m	F_1^m		
中间	……	……	……	……	……	……	……		
投入	n	$Z_{n,1}^m$		$Z_{n,n}^m$	C_n^m	G_n^m	F_n^m		
总中间投入		Z_1	……	Z_n					
增加值		V_1		V_n					
总产出		X_1	……	X_n					

舒尔茨（Schultz，1977）最早提出了假设抽取法（Hypothetical Extraction Method，HEM）测度某个产业与其他产业的关联度。考虑 n 个产业的经济体，x_i 表示第 i 个产业的产出，那么 n 维列产出向量 X 满足 $X = (1 - A)^{-1} f$，其中 f 表示最终需求向量。假设抽取某一个行业（假设为第一个），则剩下的 $n - 1$ 维直接消耗系数矩阵 $\bar{A}$ 与其他行业的产出关系为：$\bar{X} = (I - \bar{A})^{-1} f$。通常情况下 $\overline{x_i} < x_i$，那么 $(x_i - \overline{x_i})$ 表示抽取掉第一个产业时第 i 个产业产出的减少，而 $\sum_{i=2}^{n} (x_i - \overline{x_i})$ 则表示经济总产出的减少。

但是完全抽掉某一个行业是非常极端的假设，并且 $\sum_{i=2}^{n}(x_i-\overline{x_i})$ 并没有测度被抽掉的行业产出的变动。因此在舒尔茨的基础上，塞拉、吉多（cella & Guido, 1984）提出只抽取掉被考察产业与其他产业的关联，保留产业内部消耗。抽取第一个产业与其他产业关联后的 n 维列产出向量 X' 满足 $X'=(I-A')^{-1}f'$，其中 $A'=\begin{bmatrix} a_{11} & 0 \\ 0 & \overline{A} \end{bmatrix}$。同样 (x_i-x_i') 表示的抽取掉第一个产业时第 i 个产业产出的减少，而 $\sum_{i=1}^{n}(x_i-x_i')$ 则表示经济总产出的减少。

进一步可以计算某产业对其他产业和经济的影响程度。

$$l_i=\frac{x_i-x_i'}{x_i}\times100\% \qquad (2.1)$$

$L=\{l_i, i=1, \cdots, n\}$ 表示各行业受某产业影响程度的向量，同时也反映该产业与其他产业的关联程度。

$$L'=\frac{\sum_{i=1}^{n}(x_i-x_i')}{\sum_{i=1}^{n}x_i}\times100\% \qquad (2.2)$$

L' 表示整个经济受该产业的影响程度，也表示该产业对经济的重要程度，或者与经济的总关联程度。

本部分所用数据来自世界投入产出数据库（WIOD）2013 年 10 月份公布的 42 个国家 1995～2011 年 35 个部门以美元计价行业对行业的非出口竞争型投入产出表。

前述关于房地产概念的界定是通过国民经济行业分类界定的。投入产出核算和分析中的行业分类与国民经济行业分类是一致的，因此，可以利用投入产出数据来测算和分析房地产业与其他产业的关联性以及房地产业价格变动对其他产业和物价的影响。在对房地产业统计范围规定的基础上，通过以下几个步骤进行测算：

首先，结合国际行业分类标准，参考中国工业和信息化部的产业分类标准，并根据与房地产业的关联性，将上述 35 个部门的投入产出表归并为农业、原材料工业、消费品工业、装备制造业、电气水供应业、建筑业、批发零售业、住宿餐饮业、运输和仓储业、金融业、房地产业、租赁和商业服务业、公共服务业、其他服务业[①] 14 个产业。

其次，在科学选择产业分类标志的基础上，刘晓欣（2012）借鉴 MPS 理念定义实体经济，并与 SNA 核算体系相结合，将全部经济活动划分为"实体经济、虚拟经济（或高端服务业）和一般服务业"三大类部门的理论。上述 14 个产业中的农业、原材料工业、消费品工业、装备制造业、电气水供应业、建筑业、批发零售业、住宿餐饮业、运输和仓储业属于实体经济部门，其他产业均为服务业；其中服务业中的金融业、房地产业、租赁和商业服务业我们定义为虚拟经济（或高端服务业），公共服务业和其他服务业则划归为一般服务业。

最后，由于房屋的不可移动性，房地产业与进出口的关系似乎并不强，但投入产出的产业关联分析，可以反映两者间的直接和间接联系。例如，2011 年我国房地产业直接进口系数（房地产业进口量与本产业总产值的比）仅为 0.01[②]，但是与房地产业相关联的原材料工业、建筑业、金融业和装备制造业的进口品比率是很高的，尤其是装备制造业的直接进口系数达到 0.1。由于非竞争型投入产出表区分了国产品和进口品。基于非竞争型投入产出表能够更加精确的反映各行业间、各行业进出口间的直接和间接关联，从而能够更加准确地测算房地产业价格变动对物价及经济的影响。

根据公式（2.1）对中国、美国、日本、德国和英国 1995～2011 年房地产业与其他产业的关联度测算结果如图 2-3 所示。

图 2-3 中各国房地产业与所有产业的产业关联表现出的特点是房地产业对不同的产业影响差别较大。下面将详细分析房地产产业关联的特征。

[①]　其他服务业为服务业中除金融、房地产、租赁和商业服务业、公共服务业之外的产业，主要包括教育、卫生和社会工作、其他社区社会及个人服务业以及家庭服务业。

[②]　根据世界投入产出数据库公布的中国 2011 年投入产出表计算得到。

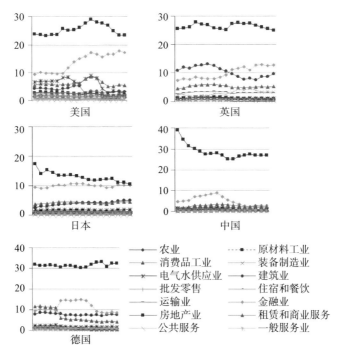

图 2 - 3　房地产产业关联图

注：纵轴为%，横轴为时间。本书的目的是要观察与房地产关联最强的几个产业以及与其他产业的直观差距，每个国家最下面曲线的产业显示不清并不影响分析和文章结论。

二、房地产与虚拟经济和实体经济关联

（1）房地产业与自身关联度远高于与其他产业的关联。如图 2 - 3 所示，每个国家的房地产业与自身的关联程度都是最高的，除日本外每个国家房地产业与自身的关联度是与其他产业关联度的 3 倍以上。这说明房地产业具备了虚拟经济的特征之一——自我服务、自我增值。房地产可以在一定程度上脱离实体经济，实现自我增值。这其中表现最强的体现在二手房市场和房地产中介服务（经纪、估价等均服务于房地产业）。日本房地产业自身的关联和与其他产业关联的差距小，主要因为在 1995～2011 年间日本的房地产价格一直处于下降阶段，房地产的虚拟性（投资属性）受到抑制，这从另一个侧面证明了房地产的产业关联与房地产虚拟性的关系。

与其他国家相比，中国虽然是发展中国家，经济虚拟化程度不高，但是房地产业与自身关联程度和与其他产业关联度的差距远高于其他国家。1995～2011 年中国房地产自身关联程度平均为 28.66%，房地产业与金融业的关联程度仅次于房地产业自身关联度，但是仅为 5.6%。也就是说房地产业自身关联是与其他产业关联的 5 倍以上。这主要是由于我国十几年来房地产的高速发展和房价的直线上升，导致对房地产的投资性需求上升，房地产的虚拟性得到充分的体现。

（2）房地产业与虚拟经济的关联远高于与实体经济的关联。如前所述，按照产业标准划分，可以将房地产业、金融业、租赁和商业服务业归为虚拟经济的活动领域。图 2－3 中可以看出房地产业不仅与自身关联密切，而且与同为虚拟经济的金融业、租赁和商业服务业关联紧密。除去房地产业自身关联，每个国家房地产业与金融业、租赁和商业服务业的关联程度在所有行业中排名均在前三位，包括房价一直处于下降阶段的日本。这可以说明两方面问题：首先，进一步说明虚拟经济的运行相对的脱离实体经济，与实体经济的关联并没有普遍认为的那么高；其次，房地产业作为虚拟经济的一部分，与虚拟经济有着天然的联系，房地产业的发展对虚拟经济的带动作用大于对实体经济的带动作用。

中国的金融业、商业和租赁服务业与房地产业的关联大于与其他产业，但是比较而言小于其他国家，尤其是商业和租赁服务业。这一方面反映相比各发达国家中国租赁和商业服务业的发展水平不高。另一方面也说明中国的房地产发展处于自我积累的模式，在这种模式下，一旦泡沫形成，房地产泡沫的累计速度会很快，再加上金融业的支持，将会出现难以控制的局面。

（3）中国房地产业与建筑业和电煤水供应业关联程度低。各发达国家房地产业关联程度除去虚拟经济类产业外，关联度最高的便是建筑业和电气水供应业。这是符合产业发展的基本规律的，因为建筑业和电气水供应业是产业链上与房地产业最相近的两个产业。而在中国虽然房地产业高速发展，与建筑业和电气水供应业的关联反而不高。在这种情况下，房地产业的发展无论从推动作用上还是拉动作用上均无法对这两个产业起很大的作用。

通过对房地产业与其他产业关联效应的分析可以发现：首先，房地产业除与自身关联强之外，与金融、商业和租赁服务业关联最强，也就是说房地产业与虚拟经济的关联性是最强的。其次，房地产业与实体经济的关联程度较低，中国的房地产业甚至与在产业链上相近的建筑业和电气水供应业关联程度也很低。这说明房地产具有虚拟性、与虚拟经济的联系紧密，通过与其他国家的比较发现中国的房地产与实体经济的关联更弱。

需要注意的是，由于房地产与虚拟经济类产业的关联远大于与实体经济类产业，房地产业的发展对虚拟经济的带动作用大于对实体经济的带动作用，因此在房地产的上升期，会使得整体的经济结构趋向虚拟化，而在房地产的下行阶段，经济结构趋向实体化。

三、房地产对国民经济贡献

具体研究房地产业对经济的贡献主要有以下几种思路：用计量方法检验房地产业发展与经济增长的关系，主要是检验 GDP 与房地产销售额、房地产投资等的关系（皮舜、武康平，2004；王先柱，2007；董涛，2011 等），得出的结论是房地产业发展与 GDP 增长存在正向的关系，并且房地产业增长是经济增长的原因，但反之则不成立。以产业增加值占 GDP 的比重来测度房地产业对经济贡献，认为房地产业增加值的 GDP 占比大于国际上认定的 5%，并以此作为房地产业是中国支柱产业的理由之一（才元，2007）。此外，从产业关联的角度对房地产业与经济的关联效应进行测度。在这方面学者们的观点出现了分歧。部分学者（孔凡文等，2005）认为房地产业带动力强，是经济的主导产业和支柱产业，而有些学者（况伟大，2006；李玉杰、王庆石，2010；张清勇、年猛，2012）通过计算发现房地产业的关联度低、带动力弱，并指出大多研究认为房地产业带动力强的原因是混淆了房地产和房地产业的基本概念，将建筑业混入房地产业，然而黄小强（2013）基于合并的投入产出表（将建筑业中的房屋建筑与房地产业合并）计算发现合并后的房地产业与经济的关联度仍然不强。

接下来将对不同国家房地产业增加值的 GDP 占比和对经济带动作用与其他产业进行比较测算。

（一）各行业增加值的 GDP 占比比较

收入法计算的 GDP 为各行业增加值的加总。某个行业 GDP 占比高低可以在一定程度上说明该行业对经济的贡献。表 2 - 3 为中国、美国和日本各行业增加值 GDP 占比。

表 2 - 3 　　　　中国、美国和日本各行业增加值 GDP 占比 　　　单位：%

时间	中国				美国			日本
	1995～2009	2011	2012	2013	1995～2009	2012	2013	1995～2009
农业	14.43	9.03	9.08	8.97	1.08	1.24	1.60	1.53
原材料工业	17.48				5.98			7.75
消费品工业	10.42	41.30	40.01	38.55	3.64	15.17	15.05	5.25
装备制造业	10.11				5.16			7.96
电、气、水供应	2.78				1.82			2.47
建筑业	5.78	6.40	6.50	6.52	4.69	5.27	5.35	6.92
批发零售	8.07	8.85	9.18	9.48	14.01	11.64	11.64	13.92
住宿和餐饮	2.14	1.92	1.99	2.00	2.96			2.91
运输业	7.42	5.07	5.06	5.12	5.69	2.90	2.92	6.45
金融业	4.19	5.71	5.98	6.35	8.47	6.64	6.63	5.87
房地产业	4.41	6.09	5.95	6.27	11.41	12.89 *	12.97	11.27
租赁和商业服务	3.13				12.53	11.93	11.94	7.26
公共服务	3.37	15.63	16.24	16.73	11.67	13.46	13.01	7.23
一般服务业	6.26				11.11	18.87	18.89	13.22

注：1995～2009 年数据来自世界投入阐述数据库，各行业增加值占 DGP 的比虽有一定波动，但幅度不大，此处行业增加值采用的是每个行业 1995～2009 年的平均值，并辅以最新年度数据进行比较。中国 2011～2013 年数据来自国家统计局数据库，美国 2012 年、2013 年数据来自美国经济分析局。

＊美国经济分析局公布的房地产业与租赁是合在一起的，因此 2012 年和 2013 年数据中房地产业数据偏大，租赁和商业服务业数据偏小，在此并不影响我们的结论。

表 2 - 3 数据可以看出，对于中国来说，首先从产业间比较而言，房地产业的增加值虽然有些年份大于 5%，但是与其他产业相比排名并不靠前，还相对比较靠后。如果说由于产业合并导致的部分行业 GDP 占比较高，那么从横向来看，可以与日本和美国相比。日本虽然在考察期内房价一直处于下降趋势，但是房地产业增加值占 GDP 的比例是中国的 2 倍，而美国无论是金融危机前还是金融危机后房地产业增加值的 GDP 占比同样远高于中国。

因此，通过分析房地产业增加值 GDP 占比与其他产业的比较可以发现，中国的房地产业对经济的发展有一定作用，但是并没有如此之大，也没有必要认定为经济的主导产业或者支柱产业，中国房地产业的增加值占比远低于发达国家。何况对于一个健康、可持续的国民经济而言，每一个产业都是经济中的重要组成部分，不能因为某个产业对经济贡献的大小而有所偏见，应该以经济健康、可持续发展为前提对经济结构进行调整，保证国民经济的大船平稳前行。

（二）各行业与经济的总关联

一般基于投入产出测算某个产业对经济的影响程度主要用影响力系数和感应度系数，分别表示该产业对经济的拉动作用和推动作用。但是有学者（如王国军、刘水杏，2004）用两者之和表示对经济的总关联效应，笔者认为这是欠妥的。因为影响力系数和感应度系数分别度量最终需求和初始投入对产出的影响，两者不可以直接相加。因此，本书仍然用上述 HEM 方法测度各产业对经济的总影响程度。

表 2 - 4 为根据公式（2.1）计算的假设各国各产业抽取掉后产出变动的百分比，也就是各产业对经济的影响程度。

数据显示，无论是发达国家还是发展中国家，房地产业对经济的带动效用都不强。从行业间比较来看，在各行业中房地产业对经济的影响程度排名均比较靠后。从国际比较来看，发达国家房地产业对经济带动作用要大于发展中国家。美国、日本、德国和英国抽掉房地产业后总产出的变动幅度均大于中国、巴西和俄罗斯抽掉房地产业后总产出的变动幅度。①

表2-4　　　　　　　　各国各行业与经济的总关联效应　　　　　单位：%

	中国	美国	日本	德国	英国	巴西	俄罗斯
原材料工业	27.93	8.77	12.91	8.48	6.34	12.93	16.43
装备制造业	17.70	6.45	9.40	8.94	5.06	7.14	6.47
消费品工业	15.69	7.02	7.45	5.67	5.96	10.72	7.12
建筑业	14.77	4.96	8.33	4.69	4.68	4.26	5.76
农业	8.66	1.89	1.88	1.50	1.26	5.06	4.61
运输业	7.87	5.71	5.93	4.75	7.09	6.96	9.09
批发零售	7.49	7.31	10.49	7.88	10.42	6.86	12.58
一般服务业	5.64	7.01	7.31	4.65	6.58	6.58	4.08
电、煤、水	4.80	1.80	3.43	2.20	2.39	2.81	8.44
租赁和商业服务	4.55	11.05	7.92	8.84	9.07	5.82	3.45
住宿和餐饮	3.52	2.87	4.27	1.25	2.67	2.13	0.92
金融业	3.14	6.51	4.99	4.31	7.17	4.52	1.67
公共服务	2.47	6.54	3.38	2.00	3.02	4.00	4.93
房地产业	1.49/14	5.34/10	2.53/13	4.65/8	4.62/10	1.39/14	2.17/12

注：每个产业计算的均为1995~2011年每年对经济的总关联效应，由于各产业对经济的总带动效应虽有波动，但排名变化不大，在此仅列出每个产业的平均值。房地产业斜杠后面的数字表示每个国家各产业对经济的总关联效应中房地产业的排名。

结合各国房地产业增加值占GDP的比可以发现，房地产业对经济的带动作用在各行业中排名更加靠后。这又一次证明了房地产业与其他产业的关系减弱，与自身的关系增强。

通过本部分的结算结果和分析可以发现，所谓的房地产业对经济贡献高、带动力强是不确切的，无论从房地产业增加值占GDP的比而言，

① 在此，可以看出无论与其他产业相比还是与其他国家相比，中国的建筑业对经济的影响程度是较大的，如果混淆了建筑业和房地产业的测算范围，将建筑业纳入房地产业，那么将影响分析的结论。

还是从房地产业对经济的带动作用而言，房地产业在各产业中表现都不突出。因此，刺激房地产业不会大幅带动经济的增长。

第四节　小　结

本章首先在虚拟经济理论的基础上分析了房地产的虚拟性，并阐述了房地产的主要经济功能，接下来基于投入产出理论对比分析了房地产与虚拟经济类和实体经济类产业关联度的差别，以印证对于房地产虚实二重性的阐述，进一步从行业增加值占 GDP 的比和对经济的总关联两个角度测算了房地产对经济的带动作用。主要结论包括：

随着金融的发展和房地产越来越广泛的作为抵押品在经济中起作用，房地产的虚拟性得到充分发展。由于其虚拟性，房地产在经济中的功能不仅仅是生活和生产资料，还是财富价值化积累的主要载体、稳定经济的秤砣、资金的储备池和经济增长的助推器。由于房地产功能的拓展，房地产在经济中的作用发生了改变，对经济体内部各部分的影响不同于普通商品和资本品。

通过投入产出对房地产业与其他产业的产业关联分析发现，房地产业与房地产业本身、金融业、租赁和服务业关联紧密，而与实体经济各产业关联较弱。说明房地产的虚拟性使其逐步脱离实体经济，而与虚拟经济关联密切。虚拟经济中金融的加入进一步激发了房地产的虚拟性，其基本后果就是房地产的价格出现大幅度波动。从行业增加值占 GDP 的比和对经济的总关联两个角度测算房地产对经济的带动作用，结果发现，房地产对经济的带动作用并不显著。主要表现在与其他产业比较对经济的贡献率并不高，与发达国家比较房地产增加值占 GDP 的比也较低。因此刺激房地产业并不能带来经济的大幅度增长，反而会造成虚实背离导致经济结构的不合理。

结合房地产的虚拟性、房地产与虚拟经济和实体经济的产业关联、房地产对经济的带动作用可以发现，由于房地产存在虚拟性，房地产与实体经济的关联减弱，而与虚拟经济的关联增强，那么长期来看房地产过快发展虽然会带动经济的增长，但是会使经济出现避实就虚的趋势，经济体内部结构会发生变化。一方面虚拟经济内部房地产和金融的强关联性会使风险增强、膨胀；另一方面，经济中房地产的过快发展并不能带动实体经济的发展，长期下去，实体经济将会相对变弱，经济内部结构失衡，经济增长失去根基，长期增长乏力。

由于宏观经济稳定是指经济的长期平稳运行状态，包括经济增长率的稳定和经济环境的稳定，而经济环境的稳定又包括物价稳定和金融稳定。房地产具有虚拟特性，房地产在经济中的功能发生了改变。房地产与虚拟经济关联密切，那么随着房地产的发展，若在金融领域积聚风险，不利于经济的稳定。总之，房地产作为经济中重要的组成部分，对经济各方面均会产生重要的影响，要保证经济的稳增长，需要合理利用房地产这个工具。房地产的虚拟性本身是有利于经济稳定的，但是由于投机者容易利用流动性过剩等经济条件，进入房地产领域，引起房地产价格的大幅度波动，从而对经济稳定造成一定的威胁。

基于上述初步观点，本书接下来将首先构建一般均衡模型，分析房地产对宏观经济各变量的影响，进而分析房地产对经济稳定和经济增长的影响，进一步利用国际数据和当前先进的实证方法在验证模型分析结果的基础上深入分析房地产与宏观经济稳定的相互影响。

第三章

房地产与宏观经济稳定

——理论分析

苗建军和王鹏飞（Miao & Wang, 2014b）用一个两部门内生增长模型分析了不同资产泡沫对不同部门投资、经济增长的影响，但是没有对消费和居民行为的分析。苗建军、王鹏飞（Miao & Wang, 2014a）用一个单部门经济模型分析了房产泡沫对实体经济投资和消费的影响，但是没有分析房产泡沫对房地产投资等的影响。我们在上述文献的基础上构建了一个两部门的实际经济周期模型，用统一的一般均衡框架分析泡沫宽松了信贷约束对于家庭、生产部门消费、投资、产出和金融部门的影响。基于本书的分析，相比实体经济部门，房地产部门是极易产生泡沫的部门，而且由于房地产的供给相对缺乏弹性，房地产泡沫的主要表现为房地产价格的偏离。与苗建军和王鹏飞论文中对异质资本的假设类似，房地产同样属于生产性资产。与他们的区别在于本书将模型进行了简化，不区分是否具有外部性，只为分析局部泡沫对投资、消费和经济产出的影响，并且本书假设泡沫有正有负，正的房地产泡沫表示房地产价格正向偏离经济基本面，负的泡沫表示对其价格的低估，房地产价格负向偏离经济基本面。

第一节　一般均衡模型的构建

本书考虑含有家庭、最终产品生产商、资本品生产商和金融中介的两部门模型。两部门的主要表现在于资本品生产商生产两种异质性资本品，这两种资本品都是生产最终产品所需的生产性资料。在本书中一种资本品为房地产，由于房地产具有虚拟性，其价格容易波动，另一种则是其他资本品如机械设备等。

一、家庭

假设劳动的供给无弹性。家庭从厂商处获取工资和股息。此处假设住房消费包含在总消费中，并且不区分租房者和买房者。容易理解，不考虑个人情结的情况下，由于机会成本的存在，消费者租房和住在自己的房屋是相同的。而购买房地产是一种投资行为，相当于购买了房地产公司的股票，房价上涨的溢价相当于股票的分红。

代表性家庭通过调整每一期消费，最大化其终生效用。与苗建军和王鹏飞相同，本书将家庭效用函数设为如下形式：

$$\max \sum_{t=0}^{\infty} \beta^t \ln C_t \tag{3.1}$$

$$s.t. \quad w_t h_t + D_t = C_t \tag{3.2}$$

其中，β 为折现因子，C_t 表示 t 时期的消费额，w_t 表示工资水平，h_t 为劳动量，D_t 为家庭从企业得到的总的利息支付，总量上有 $D_t = V_{1t}(K_{1t}) + V_{2t}(K_{2t}) = R_{1t}K_{1t} + R_{2t}K_{2t} - \pi I_t$，$V_{1t}(K_{1t})$、$V_{2t}(K_{2t})$ 分别为两个部门的公司的股市价值。与苗建军和王鹏飞（2014b）、柯薛拉柯塔（Kocherlakota，2009）、清泷信宏和穆尔（Kiyotaki & Moore，2008）相同，假设家庭不进行储蓄和借贷。

二、资本品生产商

两种资本品由资本生产商的两个部门生产，每个部门只能生产一种资本品，假设两种资本品是异质的，而同一种资本品之间无差异。假设在从 t 到 $t+1$ 时刻，每一个企业面临概率为 π 的投资机会：

$$K_{it+1}^j = \begin{cases} (1-\delta t)K_{it}^j + I_{it}^j & \text{可能性为 } \pi dt \\ (1-\delta t)K_{it}^j & \text{可能性为 } 1-\pi dt \end{cases} \quad (3.3)$$

其中为 K_{it}^j 为第 j 个厂商 i 部门 t 时期的资本水平 δ 折旧率, I_{it}^j 为第 j 个厂商 i 部门 t 时期的投资水平。从而预期资本水平

$$K_{it+1}^j = (1-\delta)K_{it}^j + \pi I_{it}^j \quad (3.4)$$

每个厂商的目标是, 对于任意的 $T>0$ 最大化其公司的市场价值

$$V_{i0}(K_{i0}^j) = \max_{I_{it}^j} \sum_{t=0}^{T} \beta^t (R_{it} K_{it}^j - \pi I_{it}^j) \quad (3.5)$$

$$s.t. \quad I_{it}^j \leqslant L_{it}^j, \ L_{it}^j \leqslant V_{it}(\xi K_{it}^j) \quad (3.6)$$

对于每个资本品生产商而言, 苗建军和王鹏飞认为其市场价值符合

$$V_{it}(K_{it}^j) = Q_{it} K_{it}^j + B_{it} \quad (3.7)$$

其中, B_{it} 表示的是第 i 个部门 t 时期的价值偏离。由于短期内房地产供给存在刚性, 因此, B_{it} 表示的是价格的偏离。$B_{it}>0$ 时是价值的正向偏离, 而当 $B_{it}<0$ 时, 表示的是价值的负向偏离。Q_{it} 为资本的影子价格。并且企业能从银行获取的贷款取决于企业的市场价格 $V_{it}(K_{it}^j)$, 但是受约束于其资本量。ξ 表示的是抵押贷款率 LTV (LoanTo Value), 由于信息不对称和道德风险的存在, 银行贷给企业的贷款额度往往小于其资本 (企业) 价值, $0<\xi<1$。

当投资水平达到最优时有 $Q_t=1$, 当 $Q_t<1$, $I_{it}^j=0$, 厂商不会进行生产。因此当 $Q_t \geqslant 1$ 时, 预算约束为紧约束 $I_{it}^j = V_{it}(\xi K_{it}^j)$。我们仅当 $Q_t \geqslant 1$ 时的条件下进行分析。这是可以理解的, Q_t 可以看作托宾 Q, 企业市场价值与重置成本的比值, 当 Q 大于 1 时, 企业会抓住任何投资机会进行生产, 而当 Q 小于 1 时, 企业不会再进行新的投资。我们在 $Q_t>1$ 的情况下讨论所研究的问题。

当 $Q_t \geqslant 1$ 时, $K_{it+1}^j - (1-\delta)K_{it}^j = \pi I_{it}^j$

将其和 $Q_t \geqslant 1$ 情况下的资本积累方程联立得资本和价值偏离的运动方程为:

$$\begin{cases} (\beta Q_{it+1} - \pi)K_{it+1}^j + \beta B_{it+1} = [Q_{it} - R_{it} + \pi(\delta-1)]K_{it}^j + B_{it} \\ K_{it+1}^j = (\pi \xi Q_{it} - \delta + 1)K_{it}^j + \pi B_{it} \end{cases} \quad (3.8)$$

三、最终品生产商

最终产品生产商利用两种资本品生产最终产品。生产遵循柯布－道格拉斯（Cobb－Douglas）生产函数，而资本品 1 和资本品 2 以固定替代弹性 σ（CES）参与生产：

$$Y_t = A\left[\omega^{\frac{1}{\sigma}}K_{1t}^{\frac{\sigma-1}{\sigma}} + (1-\omega)^{\frac{1}{\sigma}}K_{2t}^{\frac{\sigma-1}{\sigma}}\right]^{\frac{\alpha\sigma}{\sigma-1}}h_t^{1-\alpha} \qquad (3.9)$$

那么，厂商追求最大利润：

$$\max_{k_{1t},k_{2t},h_t} A\left[\omega^{\frac{1}{\sigma}}K_{1t}^{\frac{\sigma-1}{\sigma}} + (1-\omega)^{\frac{1}{\sigma}}K_{2t}^{\frac{\sigma-1}{\sigma}}\right]^{\frac{\alpha\sigma}{\sigma-1}}h_t^{1-\alpha} - w_t h_t - R_{1t}K_{1t} - R_{2t}K_{2t}$$

$$(3.10)$$

一阶条件求解得到：

$$(1-\alpha)A\left[\omega^{\frac{1}{\sigma}}K_{1t}^{\frac{\sigma-1}{\sigma}} + (1-\omega)^{\frac{1}{\sigma}}K_{2t}^{\frac{\sigma-1}{\sigma}}\right]^{\frac{\alpha\sigma}{\sigma-1}}h_t^{-\alpha} = w_t \qquad (3.11)$$

$$A\alpha\omega^{\frac{1}{\sigma}}\left[\omega^{\frac{1}{\sigma}}K_{1t}^{\frac{\sigma-1}{\sigma}} + (1-\omega)^{\frac{1}{\sigma}}K_{2t}^{\frac{\sigma-1}{\sigma}}\right]^{\frac{\alpha\sigma}{\sigma-1}-1}K_{1t}^{-\frac{1}{\sigma}}h_t^{1-\alpha} = R_{1t} \qquad (3.12)$$

$$A\alpha(1-\omega)^{\frac{1}{\sigma}}\left[\omega^{\frac{1}{\sigma}}K_{1t}^{\frac{\sigma-1}{\sigma}} + (1-\omega)^{\frac{1}{\sigma}}K_{2t}^{\frac{\sigma-1}{\sigma}}\right]^{\frac{\alpha\sigma}{\sigma-1}-1}K_{2t}^{-\frac{1}{\sigma}}h_t^{1-\alpha} = R_{2t} \quad (3.13)$$

第二节 房地产与宏观经济的一般均衡

一、市场条件

对于整个社会而言，资本和投资加总满足：$I_{it} = \int I_{it}^j dj$，$K_{it} = \int K_{it}^j dj$；$I_t = I_{1t} + I_{2t}$，$K_t = K_{1t} + K_{2t}$。达到均衡时投资总量等于折旧，资本将不会增加，$K_{it+1} = K_{it} = \overline{K}_t$。[①]借鉴苗建军和王鹏飞的做法，此处将劳动参

---

① 本书的目的是分析房地产价格变化后经济出现的反应，假设经济达到稳态后各经济总量达到均衡，增长率为 0，但是其实是内含了增长的，相当于一种稳态的经济增长。

与量标准化为 1。

那么对于竞争性均衡市场而言：

（1）每个家庭在预算约束（3.2）下，解决（3.1）的最优问题。

（2）每个厂商在预算约束（3.6）下，解决（3.5）的最优问题，然后与（3.4）和（3.7）联立得到（3.8）。

（3）资本出租率满足：

$$R_{1t} = A\alpha\omega^{\frac{1}{\sigma}} \left[\omega^{\frac{1}{\sigma}} K_{1t}^{\frac{\sigma-1}{\sigma}} + (1-\omega)^{\frac{1}{\sigma}} K_{2t}^{\frac{\sigma-1}{\sigma}} \right]^{\frac{\alpha\sigma}{\sigma-1}-1} K_{1t}^{-\frac{1}{\sigma}} \tag{3.14}$$

$$R_{2t} = A\alpha(1-\omega)^{\frac{1}{\sigma}} \left[\omega^{\frac{1}{\sigma}} K_{1t}^{\frac{\sigma-1}{\sigma}} + (1-\omega)^{\frac{1}{\sigma}} K_{2t}^{\frac{\sigma-1}{\sigma}} \right]^{\frac{\alpha\sigma}{\sigma-1}-1} K_{2t}^{-\frac{1}{\sigma}} \tag{3.15}$$

（4）市场出清条件为：

$$C_t + \pi I_t = Y_t = A \left[\omega^{\frac{1}{\sigma}} K_{1t}^{\frac{\sigma-1}{\sigma}} + (1-\omega)^{\frac{1}{\sigma}} K_{2t}^{\frac{\sigma-1}{\sigma}} \right]^{\frac{\alpha\sigma}{\sigma-1}} \tag{3.16}$$

二、稳态系统

当经济达到稳态时有：

$$\bar{Y} = \bar{C} + \delta\bar{K} \tag{3.17}$$

$$\delta\bar{K}_1 = \pi\bar{I}_1, \quad \delta\bar{K}_2 = \pi\bar{I}_2, \quad \bar{I} = \bar{I}_1 + \bar{I}_2, \quad \bar{K} = \bar{K}_1 + \bar{K}_2 \tag{3.18}$$

$$\bar{w} = (1-\alpha)A \left[\omega^{\frac{1}{\sigma}} \bar{K}_1^{\frac{\sigma-1}{\sigma}} + (1-\omega)^{\frac{1}{\sigma}} \bar{K}_2^{\frac{\sigma-1}{\sigma}} \right]^{\frac{\alpha\sigma}{\sigma-1}} \tag{3.19}$$

$$\bar{R}_1 = A\alpha\omega^{\frac{1}{\sigma}} \left[\omega^{\frac{1}{\sigma}} \bar{K}_1^{\frac{\sigma-1}{\sigma}} + (1-\omega)^{\frac{1}{\sigma}} \bar{K}_2^{\frac{\sigma-1}{\sigma}} \right]^{\frac{\alpha\sigma}{\sigma-1}-1} \bar{K}_1^{-\frac{1}{\sigma}} \tag{3.20}$$

$$\bar{R}_2 = A\alpha(1-\omega)^{\frac{1}{\sigma}} \left[\omega^{\frac{1}{\sigma}} \bar{K}_1^{\frac{\sigma-1}{\sigma}} + (1-\omega)^{\frac{1}{\sigma}} \bar{K}_2^{\frac{\sigma-1}{\sigma}} \right]^{\frac{\alpha\sigma}{\sigma-1}-1} \bar{K}_2^{-\frac{1}{\sigma}} \tag{3.21}$$

$$\bar{Y} = A \left[\omega^{\frac{1}{\sigma}} \bar{K}_1^{\frac{\sigma-1}{\sigma}} + (1-\omega)^{\frac{1}{\sigma}} \bar{K}_2^{\frac{\sigma-1}{\sigma}} \right]^{\frac{\alpha\sigma}{\sigma-1}} \tag{3.22}$$

稳态时，（3.8）式可以得出：

$$\bar{R}_i = (1-\beta)\frac{\delta}{\pi\xi} + \pi\delta - \frac{(1-\beta)(1-\xi)}{\xi} \frac{\bar{B}_i}{\bar{K}_i} \tag{3.23}$$

由（3.20）、（3.21）、（3.23）可得

$$\frac{\bar{K}_1}{\bar{K}_2} = \frac{\omega}{1-\omega} \left(\frac{\bar{R}_2}{\bar{R}_1} \right)^{\sigma} \tag{3.24}$$

第三节　房地产与宏观经济均衡分析

若房地产价格没有偏离，即 $\bar{B}=0$，那么两个部门的资产出租率将会相同 $\bar{R}_1' = (1-\beta)\dfrac{\delta}{\pi\xi} + \pi\delta = \bar{R}_2'$。若 $\bar{B}>0$，即房地产价格正向偏离那么

$$\bar{R}_1 = (1-\beta)\frac{\delta}{\pi\xi} + \pi\delta - \frac{(1-\beta)(1-\xi)}{\xi}\frac{\bar{B}_1}{\bar{K}_1}，\quad \bar{R}_2 = (1-\beta)\frac{\delta}{\pi\xi} + \pi\delta =$$

$$\left(\frac{1-\beta}{\pi\xi} + \pi\right)\delta = \bar{R}_1' = \bar{R}_1'。$$ 由于泡沫值 $\bar{B}>0$，可知 $\bar{R}_1 < \bar{R}_2 = \bar{R}_1'$。相反，若

$\bar{B}<0$，则 $\bar{R}_1 > \bar{R}_2 = \bar{R}_1'$。下面将只分析正向偏离的情况，负向偏离的情况与之相反。

一、房地产价格变动产出和产出结构的影响

（一）房地产价格变动对投资的影响

将（3.24）式代入（3.20）、（3.21）得：

$$\bar{K}_1 = \frac{\omega(A\alpha)^{\frac{1}{1-\alpha}}}{\bar{R}_1^{\sigma}\left[\omega\bar{R}_1^{1-\sigma} + (1-\omega)\bar{R}_2^{1-\sigma}\right]^{\frac{1-(1-\alpha)\sigma}{(1-\alpha)(1-\sigma)}}} \qquad (3.25)$$

$$\bar{K}_2 = \frac{(1-\omega)(A\alpha)^{\frac{1}{1-\alpha}}}{\bar{R}_2^{\sigma}\left[\omega\bar{R}_1^{1-\sigma} + (1-\omega)\bar{R}_2^{1-\sigma}\right]^{\frac{1-(1-\alpha)\sigma}{(1-\alpha)(1-\sigma)}}} \qquad (3.26)$$

当各部门价值均没有偏离时：

$$\bar{K}_1' = \frac{\omega\ (A\alpha)^{\frac{1}{1-\alpha}}}{\bar{R}_1'} \qquad (3.27)$$

$$\bar{K}_2' = \frac{(1-\omega)(A\alpha)^{\frac{1}{1-\alpha}}}{\bar{R}_2'^{\sigma}} \qquad (3.28)$$

由于 $\delta\bar{K}_1 = \pi\bar{I}_1$、$\delta\bar{K}_2 = \pi\bar{I}_2$、$\bar{I} = \bar{I}_1 + \bar{I}_2$、$\bar{K} = \bar{K}_1 + \bar{K}_2$，所以有：

$$\bar{I}_1 = \frac{\delta \bar{K}_1}{\pi} = \frac{\delta \omega (A\alpha)^{\frac{1}{1-\alpha}}}{\pi \bar{R}_1^{\sigma} \left[\omega \bar{R}_1^{1-\sigma} + (1-\omega) \bar{R}_2^{1-\sigma} \right]^{\frac{1-(1-\alpha)\sigma}{(1-\alpha)(1-\sigma)}}} \qquad (3.29)$$

$$\bar{I}_2 = \frac{\delta \bar{K}_2}{\pi} = \frac{\delta (1-\omega) (A\alpha)^{\frac{1}{1-\alpha}}}{\pi \bar{R}_2^{\sigma} \left[\omega \bar{R}_1^{1-\sigma} + (1-\omega) \bar{R}_2^{1-\sigma} \right]^{\frac{1-(1-\alpha)\sigma}{(1-\alpha)(1-\sigma)}}} \qquad (3.30)$$

假设两个部门均不存在泡沫时的投资水平分别为 $\bar{I}_1'$、$\bar{I}_2'$，那么有：

$$\bar{I}_1' = \frac{\delta \bar{K}_1}{\pi} = \frac{\delta \omega (A\alpha)^{\frac{1}{1-\alpha}}}{\pi \bar{R}_1'^{\sigma} \left[\omega \bar{R}_1'^{1-\sigma} + (1-\omega) \bar{R}_2'^{1-\sigma} \right]^{\frac{1-(1-\alpha)\sigma}{(1-\alpha)(1-\sigma)}}} \qquad (3.31)$$

$$\bar{I}_2' = \frac{\delta \bar{K}_2}{\pi} = \frac{\delta (1-\omega) (A\alpha)^{\frac{1}{1-\alpha}}}{\pi \bar{R}_2'^{\sigma} \left[\omega \bar{R}_1'^{1-\sigma} + (1-\omega) \bar{R}_2'^{1-\sigma} \right]^{\frac{1-(1-\alpha)\sigma}{(1-\alpha)(1-\sigma)}}} \qquad (3.32)$$

由于 $\bar{R}_1 < \bar{R}_2 = \bar{R}_1' = \bar{R}_2'$，$\bar{I}_1' < \bar{I}_1$，$\bar{I}_2' < \bar{I}_2$，并且 $\bar{I}_1 > \bar{I}_2$。

由此我们可以得出假说1。

假说1：房地产部门出现价格正向偏离使得本部门和其他资本品生产部门的投资都增加，从而促进了总投资的增加，但是房地产部门的投资增加幅度大于其他部门的投资水平。整体而言，房地产价值正向偏离，总投资中房地产部门的投资比例上升，挤出了其他部门的投资。

（二）房地产价格变动对总产出和产出结构的影响

各部门价值均没有偏离时的稳态总产出为：

$$\bar{Y}' = A \left[\omega^{\frac{1}{\sigma}} \bar{K}_1'^{\frac{\sigma-1}{\sigma}} + (1-\omega)^{\frac{1}{\sigma}} \bar{K}_2'^{\frac{\sigma-1}{\sigma}} \right]^{\frac{\alpha\sigma}{\sigma-1}}$$

$$= \frac{A^{\frac{1}{1-\alpha}} \alpha^{\frac{\alpha}{1-\alpha}}}{\left[\omega \bar{R}_1'^{1-\sigma} + (1-\omega) \bar{R}_2'^{1-\sigma} \right]^{\frac{\alpha}{(1-\alpha)(1-\sigma)}}} \qquad (3.33)$$

当房地产价格正向偏离时，经济的稳态总产出为：

$$\bar{Y} = A \left[\omega^{\frac{1}{\sigma}} \bar{K}_1^{\frac{\sigma-1}{\sigma}} + (1-\omega)^{\frac{1}{\sigma}} \bar{K}_2^{\frac{\sigma-1}{\sigma}} \right]^{\frac{\alpha\sigma}{\sigma-1}}$$

$$= \frac{A^{\frac{1}{1-\alpha}} \alpha^{\frac{\alpha}{1-\alpha}}}{\left[\omega R_1^{1-\sigma} + (1-\omega) R_2^{1-\sigma} \right]^{\frac{\alpha}{(1-\alpha)(1-\sigma)}}} \qquad (3.34)$$

由于 $\bar{R}_1 < \bar{R}_2 = \bar{R}_1' = \bar{R}_2'$，所以 $\bar{Y} > \bar{Y}'$。那么我们可以得出假说2。

假说2：房地产价格正向偏离时促进总产出的增长。

（三）房地产价格变动对消费的影响

当经济达到稳态时有 $\bar{C} = \bar{Y} - \pi \bar{I} = \bar{Y} - \pi \delta \bar{K}$，那么有：

$$\bar{C} = \bar{Y} - \pi \delta \bar{K}$$

$$= \frac{(A\alpha)^{\frac{1}{1-\alpha}}\bar{h}}{\left[\omega R_1^{1-\sigma} + (1-\omega)R_2^{1-\sigma}\right]^{\frac{1-(1-\alpha)\sigma}{(1-\alpha)(1-\sigma)}}} \left[\omega\left(\frac{R_1^{1-\sigma}}{\alpha} - \frac{\pi}{R_1^\sigma}\right) + (1-\omega)\left(\frac{R_2^{1-\sigma}}{\alpha} - \frac{\pi}{R_2^\sigma}\right)\right]$$

$$\frac{\partial \bar{C}}{\partial \bar{R}_1} = \omega(A\alpha)^{\frac{1}{1-\alpha}}\bar{h}\left[\omega R_1^{1-\sigma} + (1-\omega)R_2^{1-\sigma}\right]^{\frac{\alpha}{(1-\alpha)(1-\sigma)}}$$

$$\left[\frac{\omega}{1-\alpha}\frac{1-(1-\alpha)(1-\pi)\sigma - \bar{R}_1}{R_1^{2\sigma}} + \frac{1-\omega}{1-\alpha}\frac{\pi[1-(1-\alpha)\sigma] - \bar{R}_2}{R_1^\sigma R_2^\sigma}\right.$$

$$\left. + \pi(1-\omega)\sigma\frac{\bar{R}_2}{\bar{R}_1}\right] \tag{3.35}$$

因此 $\frac{\partial \bar{C}}{\partial \bar{R}_1}$ 的负号是不确定的，当 $\frac{\partial \bar{C}}{\partial \bar{R}_1} > 0$ 时房地产挤出了消费，此时需要满足 $1-(1-\alpha)(1-\pi)\sigma > \bar{R}_1$，$\pi(1-(1-\alpha)\sigma) > \bar{R}_2$。

当 $\frac{\partial \bar{C}}{\partial \bar{R}_1} < 0$ 时，房地产促进了消费。

但是从消费率来看，令 c 为消费占总产出的比例，s 为储蓄率，则有：

$$c = 1 - s = 1 - \frac{\pi\delta\alpha}{\omega\bar{R}_1^{1-\sigma} + (1-\omega)\bar{R}_2^{1-\sigma}}\left(\frac{\omega}{\bar{R}_1^\sigma} + \frac{1-\omega}{\bar{R}_2^\sigma}\right) \tag{3.36}$$

相比没有泡沫时，$\bar{R}_1 < \bar{R}_2 = \bar{R}_1' = \bar{R}_2'$，$s$ 增大，c 减小，消费率下降。由此可以得出假说3。

假说3：房地产对消费的影响是不确定的，可能促进消费，也可能抑制消费。但是从比例角度看，房地产过快发展使得经济整体的消费率下降。

综合来看，如果房地产价格正向偏离经济整体，房地产经济产出将会增加，总投资增加，但是实体经济部门的投资将会减少，消费率将会下降。

二、房地产价格变动对金融部门的影响

本书模型中的房地产对经济发生作用是因为抵押贷款放松了企业的预算约束，增加了投资。房地产能够起到作用是由于金融部门的存在，在我们的讨论范围内，当 $Q_t \geqslant 1$ 时，约束条件为紧约束，即 $I_{it}^j = L_{it}^j = V_{it}(\xi K_{it}^j) = \xi Q_{it} K_{it}^j + B_{it}$。从而经济中的总信贷 $L = \int L_{it}^j dj = \int (\xi Q_{it} K_{it}^j + B_{it}) dj$。由于泡沫的存在银行放出的贷款额增加。

但是由于房地产价格变动是不稳定的，在房地产泡沫的集聚过程中信贷大量增加，一旦市场预期发生改变，泡沫出现破裂，将会产生大量的呆坏账，对金融部门的稳定性造成威胁。

因此可以得出假说4。

假说4：房地产价格与信贷正相关，房地产价格变动会对金融稳定造成影响。

此外，资金租用率 $\bar{R}_1 = (1-\beta)\dfrac{\delta}{\pi\xi} + \pi\delta - \dfrac{(1-\beta)(1-\xi)}{\xi}\dfrac{\bar{B}_1}{\bar{K}_1}$ 的受到 ξ 的影响。ξ 是抵押贷款率，表示面对一定价值的抵押物，银行愿意给付贷款的比率，又称为抵押贷款杠杆率。抵押的款率是各种测度经济杠杆率中非常重要的一个指标。通常由于信息不对称和道德风险的存在，银行不会按照抵押物的全额进行贷款审批，往往需要打一个折扣，因此，$0 \leqslant \xi \leqslant 1$。在模型中，为简化分析我们将 ξ 设为常数，但是现实中由于各国经济、金融制度的不同，平均抵押贷款率会有差异，同样同一个国家和地区，在经济发展的不同阶段会对抵押贷款率要求作出调整。对于银行来说，银行间控制风险的程度不同也会制定自己的标准。以购房抵押贷款为例，1 - 首付比率 = LTV（loan to value）表示的就是此处的 ξ。英国的 LTV 高达90%，我国在2010年9月为抑制过快上涨的房价，防止房地产领域出现泡沫，将首套房首付比率由20%提高到30%，而面对市场形势的转变，2014年房地产市场出现疲软的迹象，我国将首套

房首付比率重新调回20%。美国次贷危机之前的抵押贷款率如表3-1所示，在房地产市场的繁荣时期，LTV是在不断上涨的。

表3-1　　　　　　　　美国房地产繁荣时期的抵押贷款率

年份	所有住宅贷款				次级抵押贷款			
	25%	50%	75%	100%	25%	50%	75%	100%
2004	56	80	95	100	80	95	100	100
2005	64	86	99	100	80	95	100	100
2006	70	90	100	100	90	99	100	100

注：数据为每一百分位上原始的LTV比率的组合值。
资料来源：Haughwout, A, D Lee, J S Tracy and W Van der Klaauw, 2011: Real estate investors, the leverage cycle, and the housing market crisis, Federal Reserve Bank of New York Staff Reports, No. 514.

从模型的均衡结果我们也可以看出，抵押贷款率不仅与房地产泡沫相关，还影响经济的总产出、消费和投资，而这些影响都是通过施加在房地产上而实现的。结合第二章对房地产产业关联的分析结论，我们可以提出假说5。

假说5：经济杠杆率（抵押贷款率）与房地产价格变动密切相关，并且经济杠杆率高低决定了房地产价格变动对经济中产出、消费和投资的影响。

第四节　本章小结

本章基于苗建军和王鹏飞在无限期模型框架内构建了包含家庭、资本品生产商、最终品生产商和金融部门的一般均衡模型，分析了异质性资本品价格出现偏离时经济产出、投资、消费和金融稳定的影响。最后得出几个假说。

假说1：房地产部门出现价格正向偏离使得本部门和其他资本品生

产部门的投资都增加，从而促进了总投资的增加，但是房地产部门的投资增加幅度大于其他部门的投资增幅。整体而言，房地产价值正向偏离，总投资中房地产部门的投资比例上升，挤出了其他部门的投资。

假说2：房地产价格价格变动方向与总产出变动方向一致。

假说3：房地产对消费的影响是不确定的，可能促进消费，也可能抑制消费。但是从比例角度看，房地产过快发展使得经济整体的消费率下降。

假说4：房地产价格与信贷正相关，房地产价格变动会对金融稳定造成影响。

假说5：经济杠杆率（抵押贷款率）与房地产价格变动密切相关，并且经济杠杆率高低决定了房地产价格变动对经济中产出、消费和投资的影响。

综合来看，如果房地产价格正向偏离经济整体，房地产经济产出将会增加，总投资增加，但是实体经济部门的投资将会减少，消费率将会下降。

接下来的实证部分将对这几个假说进行验证，并探索其影响机制。实证分析房地产价格变动对实体经济和经济结构的影响，从而探讨房地产对经济增长和经济结构的影响，进一步分析房价变动对物价水平，以及经济杠杆率对房地产价格货币政策传导机制和金融稳定的影响。

由于房地产价值偏离，在实证研究中较难度量，现在已经广泛使用的包括房价收入比、房价租金比等均是从房价角度切入分析。本书在后面的分析中也着重从房价波动层面来研究价值偏离。

上述假说与后文实证分析的对应关系分别为：假说1、2、3主要通过第四章验证。假说4主要通过第六章验证。假说5主要通过第六章验证，同时后面的第五章和第七章也将经济杠杆率作为重要的变量引入分析。另外需要说明的是，经济是一个整体的系统，各章节并不是孤立的，在分析影响机制的时候可以相互印证。

第四章

房地产与经济产出和产出结构

理论分析可知，房地产作为经济中的重要组成部分，其价格的变化会引起经济中其他组成部分的变动，例如经济产出、投资和消费。由于房地产的特殊性，其价格的变动会对经济不同部分造成不同的影响，从而导致经济产出和产出结构的变化。本章将探讨房价对国民收入的两大主要组成部分——消费和投资的影响模式，并且进一步深入探讨房地产价格与经济产出和产出结构的关系。

第一节　房地产价格变动对消费的影响

随着经济的不断发展，我国房地产经历了十几年的快速发展，房地产作为居民家庭财富的重要组成部分日渐成为人们关注的焦点。同时，房地产对消费的影响已经上升为一个重大理论问题，吸引了众多学者的研究。房价变动会给每个家庭带来财富和经济预期的较大变动，进而对居民日常消费能力和消费行为产生重要影响。一方面，房价上升时家庭的总财富增加，相应的消费会随之增加，这视为房价上升对消费的财富效应；但另一方面，房地产作为一种重要的资产，其价格变动引起投资收益的变动，会吸引部分居民减少消费、增加投资，以期获得更多收益，此时房价上升对消费产生了挤出效应。那么，上述两种效应孰强孰弱？房价变动对居民消费的总效应为正为负？总效应的大小到底受到哪些因素的制约？各因素又是如何影响总效应的？

基于对上述问题的考虑，本节将从实证分析的角度，对房价变动对消费的总效应进行深入分析。结构安排如下：第一部分运用国际面板数据实证检验房地产对消费总效应的地区差异和阶段性差异，以分析影响房地产对消费总效应的因素；第二部分构建门槛模型，在测度各变量门槛值的基础上，进一步分析各门槛变量对总效应的影响；第三部分结合实证研究的结论和我国经济社会现状，分析了我国房地产对居民消费的总效应为负的原因。

一、房地产对消费的作用机制分析

当前对于房地产与消费的关系是存在争议的，部分文献认为房地产有财富效应，房价的上涨能够推动消费的增加。但还有一些文献则认为房地产不存在财富效应，房价上涨后消费反而减少。另外有些文献进行了更细致的区分，认为家庭特征、地区经济特征等都会影响房地产与消费的关系。

关于房价上涨引起消费增加的研究主要是基于财富效应。现有财富效应的文献根据数据的不同可以分为宏观时间序列数据和微观调查数据。大部分财富效应文献将其注意力集中于发达国家。席勒等（Case K. E. et al.，2005）研究了 25 年 14 个国家以及美国州际的房地产财富、金融财富与居民消费支出之间的关系，证明了房地产的财富效应非常显著。帕耶拉（Paiella，2009）分析了大部分实现了工业化的国家在房地产、股票财富等方面对消费的影响，结论是股票和房价对消费的影响都是显著正向的。与宏观数据一致性的结论不同，基于微观数据的财富效应研究，由于在样本选取、样本包含变量等方面存在的不同，文献之间得出的结论存在一定的差异。斯金纳（Skinner，2007）使用美国微观数据检验，发现财富效应在年轻家庭中表现得更加强烈，他们在面对住房财富冲击时会减少储蓄。迪士尼（Disney，2002）利用英国的 BHPS 微观数据，结果显示住房财富的边际消费倾向在 0.01 ~ 0.03 之间，并且在不同的房价增长率阶段是不对称的。坎贝尔和科科（Campbell & Cocco，2007）的研究显示房价对老年住房所有者的消费影响最大，对年轻租房者的消费影响最小。

但是对于中国财富效应的研究结果显示房地产的财富效应并不强甚至为负。胡谍（2011）等认为房地产价格上升对我国居民消费的影响更多地表现为挤出效应。黄静、屠梅曾（2009）利用家庭微观调查数据对中国居民房地产财富效应的研究也证实了这一观点。陈彦斌、邱哲圣（2011）构建了一个包含房价高速增长、住房需求内生和生命周期特征的比尤利模型发现，房价的高速增长通过引致富裕家庭投资性住房需求的增加而进一步推高了房价，部分年轻家庭为了追赶房价不得不提高储蓄率，减少消费。颜色、朱国钟（2013）认为房地产对消费是存在两种效应的，即"财富效应"和"房奴效应"。两种效应孰强孰弱取决于消费者预期房价是否无限上涨，如果房价无限上涨，表现的是财富效应，而如果越来越多的家庭预期房价增长放缓甚至回落，那么"房奴效应"将占主导，房价上涨将挤出消费。李春风等（2014）分析了住房的双重属性并发现，若侧重其投资品属性，最终影响会是挤出效应，房价上涨抑制消费。王子龙、许萧迪（2011）以我国30个大中城市面板数据检验房地产财富效应，发现大部分城市的房地产财富效应为负，30个城市的总体房地产财富效应也为负，且系数较小不显著。

也有部分文献研究发现房地产的财富效应取决于其他因素。杜卡等（Duca et al.，2010）认为一种不可持续的信贷标准的放松导致了美国抵押贷款和住房市场的泡沫，消费由于房地产抵押的创新而被放大。住房抵押对消费的作用因为房屋财富流动性的不同而不同。认清金融创新、规则、房地产政策和全球金融不平衡加剧了信贷、建筑、房价和消费的波动，这在不同的国家有不同的表现。路德维希和斯莱克（Ludwig & Slφk，2004）比较股票和房地产财富效应的大小，发现在以发达的金融体系以发达的市场为基础的国家股票财富效应大于房地产的财富效应，而金融体系以银行为基础的国家则相反。松日等（Šonje et al.，2012）研究了四个中部和东部欧洲国家，比利时、克罗地亚、爱沙尼亚和捷克房地产的财富效应，发现四个国家均存在财富效应，前三个国家财富效应存在门槛效应，捷克只存在线性关系，误差修正模型估计结果显示总消费存在调整机制，但是财富效应有门槛效应的国家调整是局部的并发生在消费低于基本面时。哈利法等（Khalifa S. et al.，2013）将收入作为门槛变量在不同的收入水平上估计财富效应，财富效应是通过预算约束实现的，房价的上涨增加了家庭的财富，鼓励家庭增加消费。

另外也有对房地产财富效应的质疑。帕加罗（Pagano，1990）认为家庭预期未来收入增加导致对住房需求和消费需求的同时增加，即二者存在因果关系。阿塔纳西奥（Attanasio et al.，2005）更新和扩展了 AW 的研究成果也得出了相同的结论。此外，在二手房市场，房价的上涨会增加卖房者的收入但是同时也会减少买房者的福利，对社会整体的消费而言则不一定，取决于双方的边际消费倾向的大小。

总体而言，可以将房地产价格上涨对消费的作用归结为正反两个方面的影响，正向的为财富效应，负向的为挤出效应。

（一）财富效应

房价变动的财富效应是指，根据消费的生命周期理论，房地产作为居民家庭财富的重要组成部分，当房价上升时，家庭财富随之增加，消费者会增加消费支出。

房价上涨的财富效应可以通过两种机制实现：心理预期效应和抵押贷款缓释效应。心理预期效应是一种未兑现的财富效应，通过影响消费者心理预期改变消费者的行为。莫迪利安尼认为，理性的消费者要根据一生的收入来安排自己的消费与储蓄，使一生的收入与消费相等。当房价上涨时，作为财富的重要组成部分，消费者认为其总财富增加，从而会相应提高消费的支出。抵押贷款缓释效应是一种可以兑现的效应。消费者当期遇到预算约束时，可以利用手中持有的房地产财富到金融机构进行抵押贷款，来缓解资金压力，平滑消费。当房价上升时，房地产的总价值上升，可以从银行获取的贷款额度增加，从而增加当期消费。当然这种效应的实现还受到贷款利率、金融摩擦等因素的影响。通过抵押贷款释放效应，房价上涨使得居民消费有所增加，房地产表现出财富效应。

（二）挤出效应

房地产对消费的挤出效应是指随着房价的上涨，居民消费反而出现负增长。从微观和宏观角度来分，房地产对消费的挤出效应的实现机制可以区分为"房奴效应"和资源再分配效应。从家庭支出角度，居民个体为满足住房需求减少消费。当房价上涨时，消费者为购买住房或租赁住房，会增加存款或住房贷款比重，日常消费减少，表现为"房奴效应"。从宏观经济角度，房价上涨意味着投资房地产收益的增加，从而会导致对住房投资的增加，住房投资的增加吸引了大量的社会资金，引导资金流向房地产领域。苗建军和王鹏飞构建的局部泡沫模型显示，经济中像房地产这种不具有外部性的生产性资产出现泡沫时，会吸引社会资源大量流向该领域，经济中总体的投资率上升，消费率降低。

任何一个经济体中，房价变动对居民消费的财富效应都是以上两种作用机制共同发挥作用的结果，由于两种机制的作用方向相反，从而使房价对消费的总效应在方向上出现博弈和波动。针对不同的经济体，房价上涨在部分国家会促进消费的增长，而另一些国家则会表现为抑制消费。已有研究大多集中于一个或多个发达国家的数据，得出的结论难以说明发展中国家的实际情况；部分研究发展中国家的文献则仅仅就某一个国家或地区进行分析，没有与发达国家进行比较，未能找到存在的差异及原因。并且大多数研究仅检验出房地产对消费效应的大小，没有就影响大小的因素进行深入的分析。

基于此，本部分拟从以下三个方面进行研究：（1）在对国际面板数据进行回归的基础上，根据收入水平、是否属于 OECD、房价涨跌等条件抽取出不同的子样本进行对比分析，分析房价变动对消费总效应的地区和阶段性差异；（2）基于子样本的对比分析，构建门槛回归模型，选取人均国民收入、宏观经济杠杆率、经济增长率、工业增加值的 GDP 占比以及房价上涨率等门槛变量，检验各门槛变量对总效应的影响并进行分析；（3）基于实证结果，分析中国房价对消费总效应为负的原因。

二、房地产对消费的总效应及其影响因素

由于不同国家以及同一国家的不同阶段在经济发展水平、经济结构、金融发展水平等方面存在一定差异，因此研究房价变动对消费的影响，必须考虑地区差异和阶段性差异问题。本部分通过对样本内房价变动对消费的影响进行实证检验，以观测地区差异的存在性，并以此作为下一步分析门槛效应的基础。

（一）基本模型设定

目前，关于房价变动对消费影响的研究大多基于生命周期理论，即消费者的消费行为不仅取决于当期的收入，还取决于其一生的财富价值。对于消费者而言，财富总体包括不动产财富和金融资产，资产的变动可以近似的用其价格变动来表示。

基于凯斯等（Case K. E. et al.，2005）的研究方法，通过构建模型来考察房地产财富变动对消费的影响，基本模型如下：

$$LNC_{it} = \beta_0 + \beta_1 LNY_{it} + \beta_2 LNRHPI_{it} + \beta_3 LNSTOCK_{it} + \varepsilon_{it} \qquad (4.1)$$

其中，下标 i 和 t 分别表示地区和时间；β_0 和 ε_{it} 为常数项和误差项；C_{it}、Y_{it}、$RHPI_{it}$、$STOCK_{it}$ 分别表示人均居民消费、人均可支配收入、房屋销售价格指数、股票价格指数，分别对其取对数形式；β_1、β_2、β_3 分别为人均可支配收入、房屋销售价格、股票价格对人均居民消费的弹性系数。

（二）数据来源与数据说明

本部分选取了 1975～2013 年 53 个国家和地区的数据进行研究。其中，人均居民消费额、信贷的 GDP 占比、人均国民总收入、工业增加值的 GDP 占比等数据来自世界银行《世界发展指标》数据库；房屋销售价格数据来自国际清算银行和美联储圣路易斯分行数据库，中国房屋销售价格数据来自国家统计局，并统一以 2005 年为基期进行相关处理；

人均可支配收入数据和股票价格指数来自万得资讯、全球各国宏观经济（EIU country data）。

为分析不同类型的国家以及不同时间段，房价变动对居民消费影响的差异，在全样本回归的基础上对样本进行了分类。首先，纵向而言，由于大部分国家在进入 21 世纪后开始逐步金融自由化，虚拟经济逐渐发展起来，因此将 2000 年作为节点分为两个子样本，并借鉴了段忠东（2014）的方法设置了房价上升时期和下降时期两个发展阶段。其次，横向而言，按照收入水平的高低以及是否属于 OECD 等标准，将样本划分为 OECD 国家、非 OECD 国家、高收入国家、中等收入国家、高收入非 OECD 国家等子样本进行分类考察。①

（三）房价变动对消费总效应及影响因素分析

采用普通最小二乘法（OLS）对模型（4.1）进行初步回归，回归结果如表 4 - 1 所示。由于选取的样本在经济发展阶段、经济制度等各方面不相同，固定效应模型更能有效地说明现实情况和数据特征。通过豪斯曼检验，固定效应模型比随机效应模型更适合，这一结论与实际情况相符。

1. 房地产对消费总效应的阶段性差异

对于全样本而言，各系数均为正，并且 t 值均在 1% 的显著性水平下通过检验。这表明就世界范围而言，房地产对居民消费的财富效应大于挤出效应，总效应为正，房价变动对居民消费具有显著的促进作用。

子样本的对比研究结果表明：房地产对居民消费的总效应在不同的时间段呈现出不同特征。1975 ~ 1999 年，房价每上升 1%，居民消费降低 0.036%，总效应为负，但这种效应并不显著；而 2000 ~ 2013 年居民消费的房价弹性系数为 0.121，正向效应显著。比较房价上涨时期和下降时期房价变动对消费的影响发现，上涨时期消费的房价变动弹性大约是下降时期的 3 倍，在下降时期房价变动 1%，消费变动仅为 0.05%。由此可见，房价上涨程度的高低会影响房地产总效应。

---

① 数据和分组依据来自世界银行。

表 4-1

房地产对消费总效应基本回归结果汇总

	全样本	a	b	c	d	e	f	g	h	i
lnrhpi	0.123***	−0.036	0.121***	0.0557***	0.160***	0.113***	0.180***	0.132***	0.044	0.301***
t值	(6.84)	(0.58)	(8.89)	(3.82)	(6.32)	(5.28)	(5.94)	(6.56)	(1.31)	(5.27)
lnrstock	0.090***	0.095***	0.049***	0.011	0.111***	0.074***	0.118***	0.075***	0.123***	0.074*
t值	(8.83)	(5.49)	(5.86)	(0.87)	(9.2)	(5.68)	(8.42)	(6.07)	(10.17)	(1.73)
lnrpdi	0.594***	0.592***	0.469***	0.702***	0.541***	0.652***	0.500***	0.645***	0.548***	0.681***
t值	(24.91)	(11.55)	(17.8)	(22.96)	(17.75)	(19.57)	(18.5)	(19.97)	(23.02)	(4.15)
常数项	2.218***	3.014***	3.690***	2.146***	2.384***	2.084***	1.786***	1.986***	1.699***	0.326
t值	(11.11)	(6.9)	(15.56)	(7.71)	(9.94)	(7.27)	(8.55)	(7.12)	(10.48)	(0.22)
调整 R^2	0.637	0.483	0.585	0.797	0.649	0.588	0.819	0.587	0.9	0.651
样本数	922	342	580	220	702	686	236	761	161	75
F值	508.7	97.04	248.4	228.7	402	311.1	325	342.6	435.4	41.68

注：第一行字母代表的分别为各个子样本，具体对应为：a：1975～1999 年；b：2000～2013 年；c：房价下降时期；d：房价上涨时期；e：oecd 国家；f：非 oecd 国家；g：高收入国家；h：中等收入国家；i：高收入非 oecd 国家。*、**、***分别代表 10%、5% 和 1% 的显著性水平。

　　导致房价对消费总效应出现阶段性差异的原因是多方面的，就时间特征而言，2000 年之后欧元正式走上历史舞台，国际货币多元化发展，国际金融秩序进一步完善，世界金融市场一体化发展。就发展阶段而言，在考察期内大部分发达国家处于后工业化时期，但是发展中国家在2000 前后出现变化，进入 21 世纪以来以金砖五国（中国、巴西、印度、俄罗斯和南非）为代表的发展中国家不断崛起，经济制度改革，经济结构调整，而经济结构的不同导致房价对消费影响的变化。为了更好地对样本进行分析，分别对 OECD 成员国与非 OECD 成员国，高收入国家、中等收入国家和高收入非 OECD 成员国进行对比分析。

2. 房地产对消费影响总效应区域性差异的存在性

　　表 4 – 2 中对 OECD 成员国与非 OECD 成员国的对比分析得出，处于后工业化时期的 OECD 成员国房价变动对消费的影响小于非 OECD 成员国。但是对比不同收入水平的国家却发现，高收入国家房价变动对消费的影响整体大于中等收入国家，且房价变动对中等收入国家的消费影响并不显著。由于所有的 OECD 国家都是属于高收入国家，需要单独考察高收入非 OECD 国家的情况，结果发现其房价上涨对消费的影响远大于前两个样本。因此，一个国家的经济发展水平，发展阶段和经济制度等因素均会引起房地产财富效应和挤出效应的此消彼长，导致房价变动对消费的影响程度和影响方向发生变化，总效应存在明显的地区性差异。为了更清楚分析房地产的财富效应在不同国家之间的差异，本书按照收入水平、是否属于 OECD 成员国等标准，将样本分为三类：中等收入国家①，高收入非 OECD 国家和 OECD 国家，并每个国家逐一进行回归，拟通过比较，寻找影响总效应的因素。由于个别国家的数据过少会导致结果误差的增大，因此删除了样本量少于 5 个的国家和地区，采用了 46 个国家和地区的有效样本。

---

　　①　由于样本内 OECD 国家均为高收入国家，中等收入国家全部都不是 OECD 国家。

表 4 - 2   对各国（地区）房地产财富效应的检验结果

国家（地区）	Lnrhpi	国家（地区）	Lnrhpi
中等收入国家（地区）		OECD 国家	
南非	0.158（4.89***）	丹麦	0.173（4.92***）
保加利亚	0.094（4.25***）	法国	0.063（5.20***）
秘鲁	0.143（2.02*）	意大利	0.446（8.03***）
马来西亚	-0.834（-2.33**）	荷兰	0.276（13.70***）
印度尼西亚	-0.883（-9.30***）	挪威	0.374（5.50***）
中国	-0.245（-1.86*）	瑞典	0.327（7.93***）
墨西哥	0.701（0.87）	加拿大	0.292（5.05***）
菲律宾	-0.007（-0.13）	日本	0.201（7.35***）
泰国	-0.084（-0.56）	希腊	0.855（16.69***）
巴西	-0.048（-1.14）	芬兰	0.200（3.48***）
匈牙利	0.194（1.27）	冰岛	0.321（5.25***）
马其顿	-0.026（-0.45）	新西兰	0.308（7.06***）
高收入非 OECD		爱尔兰	0.152（1.93*）
塞浦路斯	0.209（2.84**）	美国	-1.084（-3.11***）
中国香港	0.117（5.04***）	瑞士	-0.124（-2.60**）
新加坡	0.294（4.79***）	韩国	-0.381（-4.15***）
俄罗斯	1.173（3.50***）	葡萄牙	0.209（1.03）
拉脱维亚	0.512（7.53***）	德国	-0.070（0.248）
克罗地亚	0.055（2.01*）	西班牙	0.061（0.83）
OECD 国家		斯洛伐克	0.174（1.16）
澳大利亚	0.486（10.54***）	卢森堡	0.116（0.66）
英国	0.176（2.17**）	爱沙尼亚	0.008（1.29）
奥地利	0.153（3.60***）	斯洛文尼亚	-0.026（-0.37）
比利时	0.089（2.72**）	捷克	-0.033（-0.28）

注：括号内为 t 值，*、**、*** 分别代表 10%、5% 和 1% 的显著性水平。本书重点分析房价对消费的影响，在表中仅列出了各样本的 lnrhpi 系数。

在所考察的 46 个国家或地区中，房价变动对消费的影响程度和影响的方向不一致，波动区间较大。其中，弹性系数显著为正的国家（地区）有 26 个，且介于 0.055 ~ 1.178 之间；弹性系数显著为负的国家（地区）有 6 个，且介于 - 1.08 ~ - 0.12 之间。

具体来看，房价变动对居民消费的影响主要表现为以下两个方面：

第一，收入水平显著影响着总效应的大小。居民的收入水平是决定消费量的关键因素之一，房价的上涨在一定程度上会缓解抑制收入的压力，从而增加消费。然而收入水平高的地区总效应大于收入水平低的地区，并且大部分高收入国家或地区房价对消费影响为正。随着居民收入水平的提高，低收入者的消费更容易受到抑制。因此，收入对房价影响消费的总效应可能存在门槛效应，有待进一步的检验。

第二，即使收入水平相当的国家或地区，总效应仍然存在巨大差异。如在中等收入国家行列，南非和保加利亚的总效应为正，而中国和印度尼西亚的却为负；在高收入非 OECD 的国家和地区，虽然总效应都显著为正，但是差别巨大，克罗地亚消费的房价弹性系数为 0.05，俄罗斯为 1.173，是前者的 53 倍有余。如果说上述两个分组国家之间由于经济制度等差距较大，总效应存在较大的差异，但是 OECD 国家均为市场经济国家，相互之间的差异也是巨大的。因此可以认为仍然存在影响总效应的其他因素。结合各国实际情况，他们之间存在的主要差异还包括：房地产泡沫程度不同、房地产流动性不同、经济增长速度不同以及难以计量的各项规章制度的不同。如果一个国家或地区的房地产领域存在投机，那么消费者本来用于消费或者投资实体经济的资金可能会被用来购买房地产。而对于某个国家或地区是否存在投机是难以判断的，在此可以用房价上涨速度来表示，如果房价上涨速度较快，认为可能存在投机现象。此外，由于抵押贷款效应主要通过信贷渠道实现，房地产作为不动产的变现流通能力是影响房地产财富效应的关键因素之一。一国经济增长速度的高低取决于投资量、劳动量和生产率水平等，由于劳动量和生产率水平在短时间内是稳定的，经济增长速度的高低主要取决于投资量的高低。当经济处于高速增长阶段时，往往是投资量高速增长的时期，房地产投资作为主要的固定资产投资随之上升，这时虽然消费量会有所提升，但由于受到投资的抑制，会出现消费乏力，因此经济增长速度的高低也可能影响房地产对消费的总效应。

3. 稳健性检验

用房价作为消费的解释变量可能存在内生性问题，虽然增加了可支配收入和股票价格指数等解释变量，内生性问题仍可能未消除，参数估计结果会出现偏差。本书采用两阶段最小二乘法（2SLS），选用房屋销售价格的后一期值作为工具变量来提高估计结果的有效性。

采用工具变量法消除内生性问题，需要对工具变量进行检验。首先，要求工具变量与内生变量是相关的，本书计算房屋销售价格指数与其滞后一期值的相关系数为 0.87；其次，明年的房价不会对当前的消费造成直接影响，当前消费者只有对未来房价的预期，难以准确获得未来房价，因此，满足工具变量与残差项不相关的要求。同时，由于仅一个工具变量，不存在过度识别问题，模型恰好识别。

两阶段最小二乘法（2SLS）估计发现，在控制了内生性后，居民消费对房价的弹性系数显著提高，这表明内生性的存在使 OLS 估计结果偏小，但 OLS 估计结果仍具有一定的经济意义，房价变动确实能够影响消费。

此外，本书还对各变量的差分项进行回归，不同样本区间显现的结果和规律也与 OLS 估计结果一致，说明 OLS 结果较稳健。

三、房价变动对消费影响的门槛效应分析

由于各国经济发展水平、经济体内房地产泡沫程度、房地产资本的流动性、经济增长速度、经济结构等的不同，会导致两种效应的此消彼长，从而引起房地产对消费影响的差异性。当财富效应大于挤出效应时，房价变动对消费的影响为正；反之，房价变动对消费的影响为负。房地产财富效应和挤出效应的大小受到其他因素的影响，这些因素可以称为"门槛效应"，一个国家或地区达到要求、跨越门槛前后的财富效

应和挤出效应会有较大差异，导致房价变动对消费的总效应出现差异。因此，本部分通过构造门槛回归模型来对房价变动对居民消费的影响作进一步分析。

（一）房价变动对居民消费影响门槛模型的设定

"门槛回归"方法作为一种非线性计量经济模型，自提出后便得到了广泛的应用。上述分析表明，房价变动对消费的总效应是不确定的，可能是非线性的。分组检验虽然可以对导致该影响变化的因素作初步分析，但这种基于线性回归的分析可能存在一定偏差。因此，本书借鉴Bruce E. Hansen（1999）年提出的静态面板门限模型，构建了房价变动对消费影响的门槛模型。Hansen 的基本模型为：

$$y_{it} = \mu_i + \beta_1' x_{it} I(q_{it} \leq \gamma) + \beta_2' x_{it} I(q_{it} > \gamma) + e_{it} \tag{4.2}$$

$\{y_{it}, q_{it}, x_{it} : 1 \leq i \leq n, 1 \leq t \leq T\}$ 为平行面板，i 为个体，t 为时间，x_{it} 为受门槛变量影响的解释变量，q_{it} 为门槛变量，γ 为门槛值，$I(\cdot)$ 是一个指示性函数，随机干扰项 $e_{it} \sim N(0, \sigma^2)$。由于门槛变量的加入，根据门槛变量 q_{it} 与门槛值 γ 的大小，观察值被分为两部分，回归系数分别为 β_1' 和 β_2'。

模型是否具有门槛效应，需要进行两个方面的检验：首先，检验 β_1' 和 β_2' 是否有显著的区别，如果检验二者不具有显著的区别即二者相等，那么模型将没有门槛效应。构造 F 统计量为：

$$F = \frac{S_0 - S(\hat{\gamma})}{\hat{\sigma}^2}, \ \hat{\sigma}^2 = \frac{1}{T} \hat{e}(\gamma)' \hat{e}(\gamma) = \frac{1}{T} S(\gamma) \tag{4.3}$$

S_0 为原假设下的残差平方和，此时由于门槛值无法识别，F 统计量的分布是非标准分布。可以采用自抽样法（Bootstrap）获取其渐进分布，进而构造 P 值。

其次，检验估计的门槛值是否等于真实值。Hansen 采用极大似然估计量来检验门槛值，统计量为：

$$LR(\gamma) = \frac{S(\gamma) - S(\hat{\gamma})}{\hat{\sigma}^2} \tag{4.4}$$

同时 Hansen 还给出了双重门槛的估计模型：

$$y_{it} = \mu_i + \beta_1' x_{it} I(q_{it} \leqslant \gamma_1) + \beta_2' x_{it} I(\gamma_1 < q_{it} \leqslant \gamma_2) + \beta_3' x_{it} I(\gamma_2 < q_{it}) + e_{it} \quad (4.5)$$

门槛值 $\gamma_1 < \gamma_2$，该模型的估计方法为先假设模型为单一门槛模型，估计出 $\hat{\gamma_1}$，然后固定 $\hat{\gamma_1}$，搜索 γ_2，得到最优 $\hat{\gamma_2}$ 后再固定 $\hat{\gamma_2}$，重新搜索 γ_1，最后得到最优化后的一致估计量。

为考察各种因素通过作用于房价而对消费产生的差异化影响，本书构建了消费的双重门槛模型：

$$LNC_{it} = \beta_0 + \beta_1 LNY_{it} + \beta_3 LNSTOCK_{it}$$
$$+ \theta_1 LNRHPI_{it} \times I(q_{it} \leqslant \gamma) + \theta_2 LNRHPI_{it} \times I(q_{it} > \gamma) + \varepsilon_{it} \quad (4.6)$$

$$LNC_{it} = \beta_0' + \beta_1' LNY_{it} + \beta_3' LNSTOCK_{it} + \theta_1' LNRHPI_{it} \times I(q_{it} \leqslant \gamma_1)$$
$$+ \theta_2' LNRHPI_{it} \times I(\gamma_1 < q_{it} \leqslant \gamma_2) + \theta_3' LNRHPI_{it} \times I(q_{it} > \gamma_2) + \varepsilon_{it}$$
$$(4.7)$$

其中 i 为个体，t 为时间，LNC_{it} 为被解释变量，$LNRHPI_{it}$ 为受门槛变量影响的解释变量，LNY_{it}，$LNRSTOCK_{it}$ 为其他对 LNC_{it} 有显著影响的变量，q_{it} 为门槛变量，γ_1，γ_2，γ_3 为门槛值，随机干扰项 $e_{it} \sim N(0, \sigma^2)$。模型中对门槛变量有外生性要求，在估计时参照李平、许家云（2012）采用相应门槛变量的滞后一期值作为工具变量。

（二）门槛变量选择与数据说明

1. 门槛变量的选择

宏观经济杠杆率（tcredit）是指国内信贷总额占 GDP 的比。一国经济杠杆率的高低既反映了该国总体的负债水平，也反映了一个国家整体信贷政策的宽松程度。经济杠杆率一方面影响消费者的信心和预期，从而对消费行为产生影响，另一方面影响房地产的流动性和变现能力，往往经济杠杆率高的国家或地区其房地产流动性较强，容易变现，从而促进房地产对消费的财富效应的实现。

人均国民收入（GNI）的高低反映一个国家的经济发展水平。分组检验结果显示收入水平不同的国家，房价变动对消费的总效应不同。收入水平较低的国家或地区，一般而言对应的经济发展阶段也处于较低水平，房价上涨会引起投资的大幅度提高，从而抑制消费。相反收入水平较高的国家，房价上涨则更大的可能表现出财富效应。

经济增长速度（ggdp）为剔除掉通胀因素后 GDP 总量的增长速度。在经济上升阶段，经济增长速度快，房价上涨，居民消费支出增加；而在经济衰退期间，经济增长速度放缓，甚至会下降，房价随之下跌，但是居民的消费支出由于棘轮效应、消费习惯等作用，可能不会下降或下降的没有那么多。因此经济增速可能导致房价对消费总效应出现门槛效应。

经济结构（ma）用工业增加值占 GDP 的比来表示。一个经济体内部经济结构会导致房地产业在经济中所起的作用不同。当一个国家制造业等实体经济占主体时，房地产业服务于实体产业，房地产领域内出现泡沫的几率较小，能正常推动消费的增长。而当一个国家虚拟经济类产业占主体的时候，虚拟经济内部容易出现泡沫，泡沫的出现会吸引社会资源更多的流向虚拟经济领域，从而挤占了对实体经济的投资和消费。因此，经济结构也可能导致房价对消费总效应出现门槛效应。

房价增长率（ghpi）用实际房屋销售价格的年增长率来表示。房价增长率在一定程度上反映了房地产领域泡沫积累的快慢，尤其是当房价处于高位时，房价的快速上涨引发的房地产领域快速吸收社会资源，可能导致财富效应和挤出效应的变化。

2. 数据说明

本书分别选取了 1980～2013 年、1990～2013 年和 2000～2013 年的平行面板进行门槛模型回归分析，第一个样本中，国家数量虽然少，但是时间跨度长，方便观察不同时间段内的影响；后两个样本时间维度较短，但包含的国家较多，能够观察不同类型国家的特征，三个平行面板的样本容量分别为 272、336、476。正文中将只呈现 2000～2013 年样本的门槛检验和估计结果，其他两个样本作为对比分析说明。

（三）房地产对消费总效应的门槛检验

根据以上分析，本书选取了经济杠杆率、人均国民总收入、经济增长速度、经济结构以及房价增长率作为居民消费的门槛变量，以固定效应模型为基础，依次对上述各因素进行门槛检验和估计。

1. 门槛检验

为确定模型的具体形式，需先讨论各变量门槛的个数。对于每一个门槛变量，依次在不存在门槛、一个门槛和两个门槛的假定下进行估计，得到的 F 统计量和 P 值见表 4 - 3。

表 4 - 3　　　　　　　　门槛效果自抽样检验汇总表

	人均国民收入	宏观经济杠杆率	经济增长率	工业增加值占比	房价增长率
单一门槛	129. 968 *** (0. 000)	42. 038 *** (0. 027)	10. 508 * (0. 280)	11. 222 * (0. 130)	35. 123 *** (0. 000)
双重门槛	24. 407 * (0. 067)	17. 080 ** (0. 047)	4. 828 ** (0. 047)	6. 306 ** (0. 223)	23. 189 * (0. 070)
三重门槛	10. 57 (0. 640)	17. 837 (0. 125)	2. 5 (0. 150)	10. 000 * (0. 085)	1. 226 (0. 450)
样本均值	27532. 96	129. 99	2. 96	29. 74	5. 6
样本方差	18102. 14	60. 6	3. 31	8. 18	9. 37
样本最小值	570	14. 98	- 8. 86	6. 97	- 26. 31
样本最大值	98880	349. 05	15. 24	48. 53	65. 2

注：各门槛对应的数值为门槛检验对应的 F 统计量，括号内的数值为采用 Bootstrap 方法反复抽样得到的 P 值，***、**、* 分别表示在1%、5%、10%显著性水平上变量的显著性。

自抽样门槛检验结果表明，人均国民收入、宏观经济杠杆率、经济增长率以及房价上涨率的单一门槛和双重门槛模型均通过了显著性检验，但是三重门槛检验并不显著，说明在样本内人均国民收入、宏观经济杠杆率、经济增长率以及房价上涨率包含两个门槛值。在 2000 ~ 2013 年的样本内，工业增加值占比的单一门槛检验、双重门槛检验和三重门槛检验均显著，但三重门槛值介于双重门槛估计值 95% 的置信区间内，故也应该选择双重门槛模型。各门槛估计值和 95% 的置信区间如表 4 - 4 所示。

表4-4　　　　　　　　　　　门槛估计值和置信区间

指标	门槛值 γ_1		门槛值 γ_2	
	估计值	95%置信区间	估计值	95%置信区间
人均国民收入（美元）	4240	[3860, 4900]	1.20E+04	[12000, 12000]
宏观经济杠杆率（%）	34.122	[34.122, 34.122]	226.289	[57.484, 228.108]
经济增长率（%）	2.581	[-5.185, 4.74]	9.723	[-5.185, 9.723]
工业增加值占比（%）	20.559	[16.977, 46.203]	46.579	[17.785, 46.669]
房价增长率（%）	3.096	[1.733, 4.496]	19.685	[18.131, 19.685]

2. 模型的参数估计结果

（1）人均国民收入。人均国民收入对房价影响消费的总效应表现出正向递增双重门槛效应。当人均国民收入低于4240美元时，消费的房价弹性系数仅为0.1523，而当人均国民收入跨过这个门槛，处于4240~12000美元之间时，消费的房价弹性系数上升为0.196，大于12000美元时则上升为0.2196。按照2013年人均国民总收入来看，在34个样本国家内，没有跨过第一个门槛的只有印度尼西亚，处于第一个门槛和第二个门槛之间的有泰国、秘鲁、中国、保加利亚、马来西亚和巴西等，其他国家均跨过了第二个门槛。其他两个时间段的样本，虽然门槛值不同，也同样表现出相同的特征，国民收入越高，消费的房价弹性越高。

（2）宏观经济杠杆率。估计结果显示，宏观经济杠杆率对房价影响消费的总效应表现出正向递增的双重门槛效应。当宏观经济杠杆率低于34.122%时，消费的房价弹性为0.1824；当宏观经济杠杆率处于34.122%~226.289%之间时，消费的房价弹性上升为0.236%；当宏观经济杠杆率高于226.289%时，消费的房价弹性上升为0.2564%。没有跨过第一个门槛的国家只有秘鲁和俄罗斯，跨过第二个门槛的国家为美国和日本，中国在2000~2013年间宏观经济杠杆率由119.672%上升到162.963%，与其余大部分国家一样处于第一个门槛和第二个门槛之间。

（3）经济增长率。与上述两个门槛变量不同的是，经济增长率对房地产财富效应表现出正向递减的门槛效应。当经济增长率低于2.581%时，消费的房价弹性为0.2422，但是当经济增长率介于2.581%～9.723%之间时，消费的房价弹性下降为0.237，经济增长率进一步跨过9.723%门槛值后，消费的房价弹性下降为0.2234。按照2013年经济增长率来看，样本内大部分国家没有跨过第一个门槛，尤其是处于欧债危机的欧洲诸国，跨过第一个门槛的国家和地区为中国香港、韩国、以色列、冰岛、新加坡、马来西亚、印度尼西亚、秘鲁、中国等。跨过第二个门槛的国家和年份为：中国2003～2007年、2010年，俄罗斯2000年，以及新加坡2010年。

（4）工业增加值的GDP占比。工业增加值的GDP占比对房价影响消费的总效应也表现出正向递减的门槛效应。当工业增加值占比低于20.559%时，消费的房价的弹性系数为0.263，当工业增加值占比介于20.559%～46.579%时，弹性系数为0.242，而当工业增加值占比超过46.579%时，消费的房价弹性下降为0.2234，虽然每一个门槛阶段下降的幅度不大，但是非常显著。样本内，中国香港、希腊、美国的大部分年份都没有跨过第一个门槛，而跨过第二个门槛的为中国、印度尼西亚和马来西亚。1990～2013年的样本也表现出正向递减的门槛效应，但1980～2013年的样本却表现为两边高中间低，由于该样本包含8个高收入国家34年的数据，其规律具有一定的现实意义。该样本回归结果显示同样有两个门槛值，当工业增加值占GDP的比例低于24.273%时，消费的房价弹性为0.257，高于38.185%时，弹性为0.197，而介于两者之间时弹性仅为0.157。

（5）房价增长率。房价增长率对房价影响消费的总效应表现出正向递减的门槛效应。当房价年增长率低于3.096%时，房价上涨1%，消费增加0.2746%；当房价年上涨速度超过19.685%时，消费的房价弹性将为0.2522。房价增长率介于两个门槛值之间时，消费的房价弹性为0.242。由于每个国家每一年的房价增长率变动较大，在每一个门槛区间内都包含了各个国家。其他两个样本中，房价增长率也表现出正向递减的门槛效应。

表 4－5　　　　　　　　　　门槛模型的参数估计结果

	人均国民收入	宏观经济杠杆率	经济增长率	工业增加值占比	房价增长率	固定效应模型
lnrpdi	0. 312 *** (－12. 36)	0. 375 *** (－14. 34)	0. 396 *** (－14. 42)	0. 398 *** (－14. 52)	0. 398 *** (－15. 14)	0. 394 *** (－14. 15)
lnrstock	0. 0435 *** (－5. 77)	0. 0375 *** (－4. 61)	0. 0476 *** (－5. 33)	0. 0403 *** (－4. 72)	0. 0464 *** (－5. 53)	0. 0398 *** (－4. 59)
lnrhpi						0. 247 *** (－12. 21)
lnrhpid1	0. 1523 *** (－11. 24)	0. 1824 *** (－7. 23)	0. 2422 *** (－3. 05)	0. 263 *** (－3. 04)	0. 2746 *** (－4. 77)	
Lnrhpid2	0. 196 *** (－10. 81)	0. 236 *** (－12. 47)	0. 237 *** (－11. 72)	0. 242 *** (－12. 12)	0. 260 *** (－13. 46)	
Lnrhpid3	0. 2196 *** (－4. 91)	0. 2564 *** (－3. 93)	0. 2234 ** (－2. 11)	0. 2251 ** (－2. 82)	0. 2522 *** (－4. 53)	
C	4. 969 *** (－22. 1)	4. 280 *** (－18. 9)	3. 968 *** (－16. 75)	3. 995 *** (－16. 93)	3. 826 *** (－16. 76)	4. 016 *** (－16. 76)
R^2	0. 742	0. 703	0. 668	0. 67	0. 695	0. 657
样本数	476	476	476	476	476	476
F 值	251. 5	206. 6	175. 5	177. 3	199. 3	280

　　注：* 、** 、*** 分别代表10% 、5% 和1% 的显著性水平。括号内对应的为各系数检验的 t 值。

第二节　房地产对投资的影响

　　本节考察房价变动对国民经济投资量的影响，并着重分析房价变动对工业企业的影响。结构安排如下：第一部分分析房地产对投资的影响渠道；第二部分设定实证检验模型，利用国际数据检验房价对国民经济投资量的影响；第三部分进一步分析房价变动对工业企业投资的影响。

一、房地产对投资的影响渠道分析

相比房地产对消费影响的文献，关于房地产影响投资的文献较少，已有文献基本是持两种相反的观点。一种认为房地产价格的上升有利于企业投资，另一种认为房地产发展过快挤出了投资。

面对金融约束和金融摩擦，斯蒂格利茨和威斯（Stiglitz & Weiss，1981）、哈特和摩尔（Hart & Moore，1994）指出抵押贷款增加了企业的融资能力。钱尼等（Chaney T. et al.，2010）研究了房地产影响企业投资的方式，认为房地产对企业存在抵押贷款缓释作用，房价或土地价值上升后，企业可获贷款增加，从而缓解了资金压力，扩大投资。面对金融摩擦，厂商利用抵押贷款来为新项目融资。通过这种抵押渠道，对房地产价值的冲击会对总投资有很大的影响。并且进一步他们发现这种影响在融资渠道少的小公司表现更加强烈。计算显示1993~2007年间，美国代表性的公司每增加1美元的抵押品，投资增加6美分。甘杰（Jie Gan，2007）研究发现持有土地的日本企业在房地产泡沫倒塌后受到的影响大于不持有土地的企业。

随着各国房地产泡沫的出现，房地产领域发展过度对实体经济的影响越来越受到重视。房地产价格的持续上涨，将会吸引大量的社会资金到房地产市场。周京奎（2005）认为房地产泡沫扭曲了价格信号，形成了不合理的资源配置。社会资金被大量吸引到房地产市场，形成产业空洞化，社会经济也会呈现出两个特征：一方面是名义财富的急剧增长，另一方面是实际生产部门产值的缓慢增长。王文斌（2010）持有较多土地的企业在房价上涨时可以获取较多的资金，若房地产投资收益率高于一般商品，企业选择购买土地，而不是增加投资以扩大再生产，这就导致土地价格加速上升。反之则会导致土地价格加速下降。郑忠华（2010）持有相同的观点。苗建军和王鹏飞构建了有泡沫的两部门内生经济增长模型，发现当泡沫出现在没有正的外部效应的部门（如房地产）时，资金会过多的流入有泡沫的部门，另一个部门的增长受到抑制。在此基础上，王文春、荣昭（2014）利用中国房地产价格上涨期间上市非房地产企业进入房地产领域这一事实对上述理论给予了支撑，并进一步利用 1999～2007 年全国 35 个大中城市规模以上工业企业数据，重点研究了房价上涨对工业企业新产品产出和研发投入的影响，发现房价上涨越快，当地企业的创新倾向越弱。

总体来看，房地产作为固定资产投资的重要组成部分，其价格的上涨会吸引资金流向房地产领域，增加房地产投资，从而增加总投资水平。另一方面房地产价格的上升，使得工业企业持有的资产升值，能够从银行获取的贷款增加，有益于缓解受资金约束的投资。但是如果房地产价格上涨较快，产生泡沫，工业企业可能会将获取的贷款或本来用于实体经济领域的资金投入房地产市场，从而减少工业领域的投资。具体而言，房地产对投资的作用渠道包括：

（一）直接拉动作用

房地产投资本身是固定资产投资的重要组成部分，房地产投资的增加直接增加了整个经济的投资水平，另一方面，作为国民经济产业链中重要的一环，房地产投资的增加会拉动上下游产业的投资支出。

（二）抵押贷款缓释效应

房地产作为重要的生产资料，在提供生产和经营场所的同时还可被用于抵押贷款。当企业的投资遇到资金约束时，房地产价格的上升会提高抵押品的价值，从而使得企业能够获取更多的贷款，这样便可以扩大生产、投资。

（三）资源再配置效应

一方面，当房地产价格上升预期形成后，投机心理导致消费者增加对房屋的购买。消费者的储蓄减少，企业可用以融资的资金池中资金减少。另一方面，由于房地产价格持续上涨，由于房地产开发周期长，在开发过程中会形成增值收益，并且房地产行业的技术壁垒较低，容易进出，这样便会吸引其他行业的企业进入房地产行业，从而使得社会的资源过多流向房地产领域，抑制了其他行业的投资水平。但是由于房地产投资的增加，在短期内这种资源再配置效应可能会被总投资水平的上涨所掩盖。

二、房地产对总投资和工业投资的差异性

基于理论分析，本节将利用 53 个不同发展程度国家 1975～2013 年的面板数据，实证考察房地产价格上涨对总投资和工业企业的影响，并进一步根据宏观经济杠杆率、收入水平和房价涨跌对区分样本后进行对比分析。

（一）计量模型设定和方法选择

根据已有研究和本书的分析目的，构建房价对投资影响计量模型如下：

$$TI_{it} = \alpha_0 + \alpha_1 gdp_{it} + \alpha_2 hpi + \alpha_3 rate + \varepsilon_{it} \tag{4.8}$$

其中下标 i、t 分别表示国家或地区和时间，TI 为各国实际年度总投资，gdp 为各国年度实际国内生产总值，hpi 为实际房屋销售价格指数，$rate$ 为实际利率，ε_{it} 为残差项。

为防止异方差问题的出现，对各变量取自然对数，回归方程变为：

$$\ln TI_{it} = \alpha_0 + \alpha_1 \ln gdp_{it} + \alpha_2 \ln hpi + \alpha_3 \ln rate + \varepsilon_{it} \tag{4.9}$$

同时为考察房价变动对工业企业的影响，本书还选取工业投资 $indis$ 和研发 rd 投入作为被解释变量。具体的回归方程分别为：

$$\ln indis_{it} = \alpha_0 + \alpha_1 \ln gdpmav_{it} + \alpha_2 \ln hpi + \alpha_3 \ln rate + \varepsilon_{it} \tag{4.10}$$

$$\ln rd_{it} = \alpha_0 + \alpha_1 \ln gdp_{it} + \alpha_2 \ln hpi + \alpha_3 \ln rate + \varepsilon_{it} \tag{4.11}$$

（二）变量选取和数据说明

1. 总投资

本书用一个国家或地区年度固定资产形成额与库存变化的加总来衡

量该国或地区的总投资水平 $TI_{it} = fixedinvest_{it} + investors_{it}$。

2. 工业企业投资

由于总投资中包含固定资产投资，而固定资产投资中房地产投资和基础设施建设等占很大比重，无法用来衡量工业企业的投资。而现实中各国对工业企业投资额的统计存在很大的差异，无法进行国际比较。在此选用工业企业增加值作为工业企业投资量的代理变量。虽然各国在技术和生产效率上存在差异，使得各国工业企业的投入产出比不尽相同，但是由于本书分析的是弹性系数，相比而言工业企业增加值能较好地反映其工业企业投资量的变化。

3. 研发投入

研发投入是指新产品研发过程中所产生的投入，研发投入往往发生在企业实际投资之前，预示着企业额投资方向，如果一个企业增加了研发投入，那么说明企业对即将从事的项目有信心，并且会增加投入。研发投入的高低是评价一个企业创新能力的因素，对于一个国家而言，则是促进经济增长的关键。本书用研发投入占 GDP 的比例来表示研发投入的水平。

4. 利率

利率作为资金的成本是影响投资的关键因素。对于企业而言，实际的资金成本是其贷款的利率，在此本书选取实际年度贷款利率。

5. 国内生产总值

经典的投资理论均将利率作为投资的主要解释变量，认为投资取决于利率和预期投资回报率的对比。但是笔者认为，当前的收入水平是决定投资能力的关键，一个国家或地区的投资水平在很大程度上取决于其收入水平，因此，需要引入国民收入水平作为解释变量，在此用实际国内生产总值。

6. 房屋销售价格指数

本节的目的是分析房地产价格变化对投资的影响，选用房屋销售价格指数作为代理变量。

固定资本形成、库存变化、工业增加值、研发投入占 GDP 的比以及国内生产总值数据主要来源于世界银行世界发展指标数据库，缺失的数据从万得资讯金融终端、EIU country data 数据库获取。利率选用国际货币基金组织国际金融统计数据库中的贷款利率。房屋销售价格指数数据来源于国际清算银行、美联储和中国国家统计局。为剔除价格因素的影响，以上各变量均通过平减处理为实际值。全样本数据包括 53 个国家或地区，具体每个国家的数据起止年份见附件 1。

（三）房价影响投资的实证检验结果

利用样本内的 53 个国家或地区的面板数据，本书分别对公式（4.9）（4.10）（4.11）进行了固定效应回归[①]，结果如表 4 - 6 所示。并且为了分析存在房地产泡沫[②]时房价变动对投资影响，将总体样本区分为存在房地产泡沫时和没有房地产泡沫时进行对比分析。总体来说房价、国内生产总值和利率都对投资有显著的影响。具体分析如下：

首先整体而言，房价变动对总投资有显著的正向影响。房屋销售价格上涨 1%，总投资会增长 0.333%。这与苗建军、王鹏飞（2012）的理论推导是一致的。虽然房地产资产属于非外部性资产，但是由于是生产性资产，在房地产领域产生泡沫同样会引起总投资的上升，进而推动经济增长。并且对比有泡沫时期和无泡沫时期，在房地产领域出现泡沫时对总投资的拉动作用远高于无泡沫时期。有泡沫时期投资对房价的弹性系数为 0.942%，是无泡沫时期的 9 倍有余。由于投资包含固定资本形成和库存变化。按照惯例，全社会固定资产投资总额分为基本建设、更新改造、房地产开发投资和其他固定资产投资四个部分。其中房地产投资在固定资产投资中比较高。中国国家统计局数据显示，2013 年房地产投资占固定资产投资的 20%，而北京、上海的房地产投资已经超过固定资产投资的 50%。房价上涨吸引社会资源尤其是资金流向房地产领域，促进了房地产投资的增加，从而增加了总投资，这种作用在房地产泡沫时期表现得更为明显。

----

① 对于用固定效应还是随机效应，此处根据 hausman 检验结果确定。

② 本部分研究的是宏观经济领域的房地产泡沫，在此，本书界定为，如果房地产价格上涨幅度大于经济增长率，那么此时房地产领域存在泡沫。

其次，房价变动对工业企业产生负向作用。总体而言，房价变动对工业增加值和研发投入均有显著的负向影响。房价上涨 1%，工业增加值将下降 0.0155%，研发投入下降 0.0395%。这与王文春、荣昭（2014）研究的房价上涨对工业企业创新的抑制作用是一致的。房价上涨吸引了资金进入房地产市场，本来用于工业企业的资金将会减少，从而抑制了研发投入和工业企业的产出。他们还利用中国企业的资金将会减少，从而抑制了研发投入和工业企业的产出。他们还利用中国上市公司数据证明，非房地产企业在房地产价格上涨时为获取更高的利润，会选择进入房地产开发市场。回归结果显示房价变动对研发投入产生的负向作用更大，这是因为研发投入相对来说更加敏感，企业只有对本行业或者新项目有很强的信心时才会增加研发投入，否则将会继续生产原有产品或者转入其他利润率更高的行业。而通过对有泡沫时和无泡沫时的对比可以发现，无论从工业增加值的角度还是从研发投入的角度看，房价对工业企业的负向影响同样也是在有泡沫时较大。房地产市场有泡沫时，工业增加值对房价的弹性是无泡沫时的 3.15 倍，研发投入对房价的弹性系数是无泡沫时的 6.33 倍。可见，房地产价格的过快上涨会影响工业企业的发展，尤其是当发达领域出现泡沫时，对工业企业的负面影响程度成倍增长。严重时甚至会导致产业的空心化。吴海民（2012）对中国沿海地区民营工业企业面板数据检验发现，房地产价格上涨和通货膨胀会引发工业"规模空心化"和"效率空心化"。

以上两点结合起来可以得出，当出现房地产泡沫时，一方面房价上涨导致总投资高速增长，另一方面却抑制了工业企业产出和创新。表面上看经济处于繁荣景象，经济总体在增长，居民收入在增长。但是经济体内部已经慢慢积累出现了慢性"疾病"，实体经济产业由于资金被房地产"抽走"，出现资金成本上涨、人工成本上涨等现象，从而导致更多本来从事实体经济的企业转向房地产等虚拟经济产业，导致产业空心化，创新不足。然而，房地产领域的泡沫是不可维持的，一旦出现破灭，经济将会瞬间崩溃，从而引发金融危机甚至经济危机。

表4-6

房价变动对投资影响的实证检验结果

	全样本固定效应回归			无房地产泡沫时固定效应回归			有房地产泡沫时固定效应回归		
	总投资	工业增加值	研发投入	总投资	工业增加值	研发投入	总投资	工业增加值	研发投入
lnrhpi	0.333*** -8.74	-0.0155* (-1.94)	-0.0395** (-2.11)	0.103*** 3.28	-0.0167* (-1.77)	-0.0125 (-0.56)	0.942*** -12.48	-0.0526*** (-3.15)	-0.0791 (-1.43)
lnrgdp	0.693*** 16.14	1.025*** 113.72	0.299*** 10.03	1.411*** 25.79	1.028*** 65.4	0.248*** 4.84	0.324*** 5.76	1.039*** 83.36	0.320*** 6.1
lrate	-0.215*** (-10.69)	0.0148*** 3.62	-0.0156* (-1.66)	-0.0887*** (-3.74)	0.0214*** -3.41	-0.0486*** (-2.69)	-0.165*** (-6.24)	0.00978* 1.65	-0.011 (-0.86)
_cons	16.84*** 41.22	14.99*** 175.19	-2.533*** (-9.06)	10.78*** 20.49	15.19*** 100.87	-2.133*** (-4.26)	17.75*** 35.48	14.86*** 134.23	-2.564*** (-6.82)
r2	0.473	0.944	0.188	0.757	0.939	0.22	0.516	0.947	0.182
r2_w	0.473	0.944	0.188	0.757	0.939	0.22	0.516	0.947	0.182
N	1006	966	571	402	384	229	604	582	342
F	284.1	5136.5	39.74	360.8	1707.8	16.55	194.7	3116.3	21.26

注：*，**，***分别代表10%，5%和1%的显著性水平。括号内对应的为各系数检验的t值。

三、房地产对总投资和工业投资的差异性——国际比较

以上分析了房价变动对投资的影响，采用国际面板数据检验，发现房价对总投资有正向的影响，但是对工业企业增加值和研发投入却有负向的影响。但是由于样本内国家众多，各经济发展阶段和经济制度不尽相同，可能存在较大的差异。本部分以不同的标准将样本进行分类，一方面检验上述结果的稳健性，另一方面分析影响投资的房价弹性的因素。

（一）不同经济杠杆率国家对比

根据宏观经济杠杆率的不同，本书将所有样本分为两类，经济杠杆率高的国家和经济杠杆率低的国家。此处宏观经济杠杆率用国内总信贷占 GDP 的比表示。由于没有绝对的适合所有国家的最佳宏观经济杠杆率，本书根据样本年份取中间值，然后比较大小，将所有国家分为两组，一组为高杠杆率的国家或地区，另一组则为低杠杆率的国家或地区。宏观经济杠杆率高一方面可以促进房地产对投资的贷款缓释效应，另一方面也有利于房地产领域利用杠杆吸取实体经济领域的资金，因此对投资有两方面的影响。表 4 - 7 为实证检验结果。

表 4 - 7　　　　　不同杠杆率地区房价对投资影响的实证结果

	总投资		工业增加值		研发投入	
	高杠杆率	低杠杆率	高杠杆率	低杠杆率	高杠杆率	低杠杆率
lnrhpi	0.578 *** - 15.05	0.173 *** - 2.63	- 0.0125 (- 0.91)	- 0.0067 (- 0.83)	- 0.0401 (- 0.70)	- 0.0399 ** (- 2.21)
lnrgdp	0.904 *** - 21.92	0.500 *** - 6.52	0.966 *** - 64.74	1.075 *** - 114.82	0.395 *** - 7.56	0.199 *** - 5.33
Rate	- 0.0786 *** (- 4.90)	- 0.368 *** (- 8.15)	0.0183 *** - 3.11	- 0.00085 (- 0.17)	- 0.00865 (- 0.68)	- 0.0162 (- 1.20)

	总投资		工业增加值		研发投入	
	高杠杆率	低杠杆率	高杠杆率	低杠杆率	高杠杆率	低杠杆率
_cons	13.72 *** −35.65	19.22 *** −26.54	15.82 *** −113.63	14.10 *** −159.56	−3.477 *** (−8.20)	−1.631 *** (−4.67)
r2	0.738	0.318	0.909	0.977	0.234	0.143
r2_w	0.738	0.318	0.909	0.977	0.234	0.143
N	636	370	602	364	347	224
F	571.4	52.82	1912.1	4828.5	32.47	10.82

注：* 、** 、*** 分别代表10%、5%和1%的显著性水平。括号内对应的为各系数检验的 t 值。

实证结果显示，首先，与全样本结果一致的是房价对总投资的影响为正的，而对工业增加值和研发投入的影响则为负的。其次，无论是房价对总投资的正向影响还是对工业增加值和研发投入的负向影响，宏观经济杠杆率高的国家都高于低杠杆率的国家。对于房价变动对工业增加值和研发投入的影响。在经济杠杆率高的国家或地区，房价对工业增加值和对研发投入的影响均为负，并且负向作用高于经济杠杆率低的国家和地区。但是这种负向作用并不显著。这说明在经济杠杆率高的地区，房价上涨时房地产对实体经济资金的吸收作用较明显，而资金缓释效应则相对较弱。进一步观察房价对总投资的影响，发现经济杠杆率高的国家远高于经济杠杆率低的国家，由于前面分析，在高杠杆率国家房价上升对工业的影响为负，说明在高杠杆率国家房价对投资高于均值的影响是由于房地产投资拉动的。因此，可以认为宏观经济杠杆率显著地影响了房地产对投资的作用机制，杠杆率越高，一方面房价对工业的抑制作用越严重，另一方面房价对总投资的促进作用越大。

（二）不同收入国家对比

为检测不同收入水平国家房价对投资影响的差异，根据世界银行对全世界所有国家收入水平的划分，将样本内国家和地区分为两组，一组为高收入国家或地区，一组为中等收入国家或地区。对比检验结果如表 4-8 所示。

表 4-8　　　　　　　不同收入水平地区房价对投资影响实证结果

	总投资		工业增加值		研发投入	
	高收入	中等收入	高收入	中等收入	高收入	中等收入
Lnrhpi	0.155 *** (7.53)	0.874 *** (4.47)	-0.00934 (-1.08)	0.0141 (0.64)	-0.0367 ** (-2.07)	-0.107 (-0.87)
Lnrgdp	1.560 *** (48.29)	-0.0352 (-0.38)	0.989 *** (73.26)	1.059 *** (102.4)	0.272 *** (7.39)	0.395 *** (4.65)
lrate	-0.0534 *** (-4.62)	-0.475 *** (-6.34)	0.0186 *** (3.99)	-0.0376 *** (-4.44)	-0.00896 (-0.90)	-0.0696 ** (-2.40)
_cons	8.283 *** (26.22)	21.99 *** (25.14)	14.99 *** (113.77)	16.02 *** (161.86)	-2.172 *** (-5.90)	-3.416 *** (-7.66)
r2	0.844	0.272	0.906	0.987	0.14	0.322
r2_w	0.844	0.272	0.906	0.987	0.14	0.322
N	809	197	774	192	462	109
F	1389.8	22.28	2366.8	4320.9	22.86	14.54

注：*、**、***分别代表 10%、5% 和 1% 的显著性水平。括号内对应的为各系数检验的 t 值。

与消费领域情况相反，在投资领域，高收入国家房价对投资的影响反而要低于中等收入国家。房价上涨 1%，在高收入国家总投资增加 0.155%，而中等收入国家总投资增加 0.874%，是前者的 5.6 倍。对研发投入的影响同样也是中等收入国家大于高收入国家，并且与全样本一致均为负向影响。但是对工业增加值的影响却出现了差异，房价上涨在高收入国家对工业增加值的影响为负，但是在中等收入国家影响却是正向的，并且显著性水平不高。这或许是由于中等收入国家大部分处于工业化阶段和城镇化进程中，而这一时期的房价和工业增加值均处于上涨阶段。总体而言收入水平决定了一个国家的发展阶段，当前世界上大多数高收入国家属于发达国家，已经处于工业化后期。而大多数中等收入国家则仍然处于工业化的进程中，因此收入水平的不同会引起房价对投资影响的差异。

（三）不同房价增长率对比

上文已经对出现房地产泡沫时期房价对投资的影响进行了分析，对房地产泡沫的度量采用的是房价增长率与经济增长率比较。但是对于消费者和投资者而言，并不能确切的感知到二者的对比关系，感知最明显的是房价本身的涨跌以及房价涨跌的幅度。因此本书还将房价上涨阶段和下跌阶段分为两个子样本进行对比分析。回归结果如表4-9所示。

表4-9　　　　　不同房价增长率阶段房价对投资影响实证结果

	总投资		工业增加值		研发投入	
	房价上涨	房价下跌	房价上涨	房价下跌	房价上涨	房价下跌
lnrhpi	0.828 *** (11.98)	0.0292 (1.34)	-0.0506 *** (-3.72)	-0.0225 ** (-2.16)	-0.134 ** (-2.00)	-0.0481 * (-1.87)
lnrgdp	0.457 *** (8.94)	1.710 *** -29.08	1.052 *** (102.77)	1.011 *** (36.81)	0.417 *** -6.88	0.0203 (0.24)
lrate	-0.170 *** (-6.99)	-0.0434 ** (-2.32)	0.0113 ** (2.46)	0.00694 (0.78)	-0.0468 *** (-2.97)	-0.0418 * (-1.87)
_cons	17.03 *** (38.37)	7.680 *** (13.42)	14.90 *** (168.68)	15.11 *** -56.38	-1.873 *** (-4.28)	1.715 ** (2.00)
r2	0.514	0.872	0.955	0.91	0.191	0.0812
r2_w	0.514	0.872	0.955	0.91	0.191	0.0812
N	760	246	735	231	420	151
F	248.4	444.4	4844.9	613.4	28.73	3.095

注：*、**、***分别代表10%、5%和1%的显著性水平。括号内对应的为各系数检验的t值。

总体而言在房价上涨阶段，房价变动对投资的影响程度大于房价下跌阶段。在上涨阶段，房价对总投资的影响是下跌阶段的 28.3 倍，对工业增加值的影响是下跌阶段的 2.25 倍，对研发投入的影响是下跌阶段的 2.78 倍。并且无论是房价上涨阶段还是下降阶段，房价对投资的影响方向都与全样本一致，对总投资有正向的影响，而对工业增加值和研发投入则有负向的影响。因此，"房价上涨会拉动总投资增加，但抑制工业企业发展"这一结果是稳健的。

第三节　房地产与经济产出和产出结构

本节首先构建 PVAR 模型，分析房地产价格与经济产出的相互影响，然后结合前文的结论分析房地产价格变动对经济产出结构的影响。

一、房地产与经济产出的相互影响

大部分研究房地产与经济产出的文献都得出房地产会促进经济增长的结论。作为固定资产投资的重要组成部分，房地产投资的增加会推动经济的增长。这也是进入 21 世纪以来中国将房地产称为"支柱产业"、"拉动经济的马车之一"的原因。格林（Green，1997）通过研究美国1959~1992 年的数据发现房地产投资的变动可以引起经济周期的变动，而非房地产投资则不能，政策刺激下的房地产投资增加是不可持续的，反而会造成经济的短期波动。戴维斯和海尔斯科特（Davis & Healthcote，2001）也认同格林的观点，认为房地产投资是经济增长的先导变量，而非房地产投资变动则滞后于经济增长。胡谍（2011）认为房地产投资短期内对宏观经济增长有推动作用，但长期不会，主要通过影响非房地产投资来影响宏观经济。武康平、胡谍（2011）构建了包含金融加速器的一般均衡模型，通过模拟外生冲击下房地产价格对宏观经济的影响，与不含加速器的经济情况作对比，验证了我国的房地产价格变动对宏观经济确实存在"加速器"的作用，并具体分析了这种作用的具体表现形式。

也有部分学者的研究发现，在特定的经济发展阶段，房地产对经济产出存在抑制作用。苗建军和王鹏飞提供了一个无限期模型中信贷驱使的股票泡沫。股票回报率内生地由泡沫决定。将这个理论分别用于研究内生的全要素生产率和内生经济增长。模型显示，如果泡沫出现在有正的技术外部效应的部门，则会推动经济的增长；而如果泡沫出现在没有外部效应的部门，则会将社会资源吸引到泡沫部门，阻碍经济的增长。

（一）模型构建

同样参照洛夫（love，2006）构建面板向量自回归模型（PVAR）：

$$y_{it} = \sum_{j=1}^{p} \beta_j y_{it-j} + f_i + d_{e,t} + e_{it} \tag{4.12}$$

其中 $y_{it} = \begin{bmatrix} LNRHPI & LNTGDP \end{bmatrix}$ 或 $y_{it} = \begin{bmatrix} LNRHPI & LNGDP \end{bmatrix}$ 是包含两个元素的列向量，i，t 分别表示地区和时间。f_i，$d_{e,t}$ 分别表示个体固定效应和时间效应，e_{it} 为随机干扰项，并且满足：

$$E(e_{it} \mid f_i, d_{e,t}, x_{it}, x_{it-1}, x_{it-2} \cdots) = 0 \tag{4.13}$$

由于模型存在个体效应，而解释变量中又包含了被解释变量的滞后项，所以是一个包含固定效应的动态面板模型。因此，采取组内均值差分法去除时间效果，前向差分法去除固定效应，随后采取系统 GMM 获得的 β 一致估计量。

（二）数据说明和数据处理

本节选取了 1980～2013 年国际年度数据，在处理成平行面板数据后包含 21 个国家，分别是：澳大利亚、比利时、加拿大、丹麦、芬兰、法国、德国、爱尔兰、意大利、日本、韩国、卢森堡、荷兰、新西兰、挪威、南非、西班牙、瑞典、瑞士、英国和美国。变量选取上除房屋销售价格指数外，为全面考察房地产与经济产出的关系，选取了经济总产出和人均产出。房屋销售价格指数为 2005 年为基期的定基指数，其他各变量均为剔除价格因素以 2005 年不变价调整后的实际变量。为消除异方差因素，各变量在检验过程中均做了对数化处理，分别用 LNRH-PI、LNTGDP、LNGDP 表示。[①]

（三）数据检验

宏观经济变量一般是非平稳的，在做协整关系检验和格兰杰因果关系检验前需要检验经济序列的平稳性。

如表 4－10 所示，为各变量 IPS 检验的结果。结果显示，所有的变量对数化后都是不平稳的，但是一阶差分后都是平稳的，也就是说各变量的对数值均为一阶单整。

表 4－10   IPS 面板单位根检验结果

	t-bar	cv10	cv5	cv1	W〔t-bar〕	P－value	平稳性
房价指数							
LNRHPI	－1.873	－1.78	－1.85	－1.98	－1.89	0.029	不平稳
D. LNRHPI	－3.794	－1.78	－1.85	－1.98	－10.931	0.000	平稳
总量数据							
LNTGDP	－1.039	－1.78	－1.85	－1.98	2.031	0.979	不平稳
D. LNTGDP	－2.741	－1.78	－1.85	－1.98	－5.978	0.000	平稳
人均数据							
LNGDP	－1.797	－2.41	－2.48	－2.59	1.538	0.938	不平稳
D. LNGDP	－3.81	－2.41	－2.48	－2.59	－8.143	0.000	平稳

格兰杰检验和脉冲响应分析均要求序列是平稳的，在此可以对差分后的序列做因果关系分析和脉冲响应分析，对数化后的差分可以近似表

---

①　本部分数据检验是为了考察房价与经济产出之间的关系，故在时间跨度和国家数量上进行了取舍，文中呈现的是 17 个国家 34 年数据的检验结果，本书还对其他时间长度的面板数据进行了检验，结论与文中呈现的并无较大差异，不影响本书的结论。在此，不在文中呈现。并且，为充分利用数据信息，在后面章节的分析中，如果建立的模型不要求面板数据是平行的，会用到分析样本中的所有有效数据。

示变量的增长率，分析各变量增长率之间的因果关系和脉冲响应有一定的经济意义，但是会损失一定的信息。一种可以选择的办法是检验变量之间是否存在协整关系，如果协整关系存在，那么变量之间存在长期稳定的均衡关系，是可以继续进行因果关系分析和脉冲响应分析的。

采用上述方法，本章分别将 LNHPI 与各变量的对数值进行了协整关系检验，包括各经济总量和人均量。表 4 – 11 是根据 stata11 计算的协整检验的结果。结果显示，除 Ga 统计量外，Gt、Pt 和 Pa 统计量都高度显著。因此可以认定，房屋销售价格与 GDP 总量、居民消费总量、固定资产投资总量、人均 GDP、人均居民消费和人均固定资产投资各自存在协整关系。因此可以对序列进行下一步的脉冲响应分析和格兰杰因果关系检验。

表 4 – 11　　　　　　　　　　west 面板协整检验结果

总量	房价与 GDP 协整检验		
	Value	Z	P
Gt	− 2. 619	− 1. 424	0. 077
Ga	− 8. 975	2. 047	0. 980
Pt	− 34. 309	− 28. 16	0. 000
Pa	− 39. 888	− 23. 136	0. 000
人均	房价与 GDP 协整检验		
	Value	Z	P
Gt	− 3. 063	− 3. 532	0. 000
Ga	− 10. 039	1. 196	0. 884
Pt	− 19. 91	− 12. 807	0. 000
Pa	− 22. 695	− 9. 255	0. 000

（四）脉冲响应分析

脉冲响应函数描述的是在随机误差项上施加一个单位的冲击后对内生变量当期和未来值的影响。图 4 – 1 为房价和经济产出之间相互冲击的脉冲响应函数图。

1. 房价对经济产出的脉冲响应

如图 4 – 1 所示，当给予经济总产出和人均产出一个标准差的正向的冲击后，房地产价格均表现出正向的响应，并且反应强度上当期没有影响，从第一期往后出先上升后下降的趋势。具体而言，给总产出一个单位标准差的冲击后，房地产价格的反应程度在第一期达到最大值后逐渐下降，到第 15 期下降到几乎为 0；给予人均产出一个单位的标准差后，房价受到的影响逐渐增大，到第 4 期达到最大，滞后逐渐减小，但是减小的幅度较小。因此，房价在前期受总产出冲击的影响大于人均产出的冲击，后期受到人均产出的冲击大于总产出的冲击。但是无论总产出还是人均产出的变动，均会对房价有正向并且持续较长时间的影响。

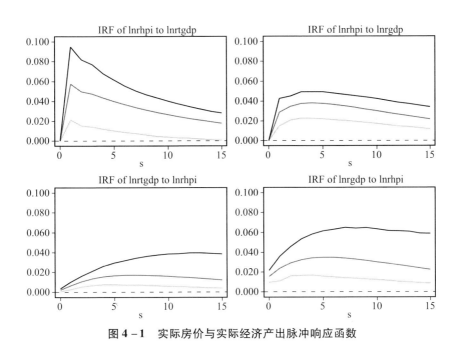

图 4 – 1　实际房价与实际经济产出脉冲响应函数

2. 经济产出对房价的脉冲响应

当给予房价一个标准差的正向冲击后，总产出和人均产出均有正向的变动趋势，并且二者的反应强度均先增加后减小，前四期逐渐上升，第 4 期达到最大，后逐渐减小。但是，二者的显著区别在于，首先总产出对房价的反应程度小于人均产出，其次给予房价一个标准差的冲击后人均产出在当期就有显著的增加，但是总产出当期变化并不显著。总体而言，房价变动会对经济产出有显著的正向冲击。

（五）格兰杰因果关系检验

格兰杰因果关系检验假设了有关 y 和 x 每一变量的预测信息全部包含在这些变量的时间序列之中。该检验不是二者经济上互为因果，而是二者互为影响关系，或者说在统计意义上存在因果关系，又称格兰杰因果关系。

检验公式为：

$$y_{it} = \sum_{j=1}^{q} \alpha_{it} \dot{x}_{i,t-j} + \sum_{k=1}^{q} \beta_{it} y_{i,t-j} + \varepsilon_{it} \qquad (4.14)$$

$$x_{it} = \sum_{j=1}^{q} \lambda_{it} y_{i,t-j} + \sum_{k=1}^{q} \delta_{it} x_{i,t-j} + \varepsilon'_{it} \qquad (4.15)$$

其中 ε_{it} 和 ε'_{it} 为相互独立的白噪声。

检验 x 与 y 之间有没有相互影响，就是检验系数 α_{it}，λ_{it} 是否显著为零。这样每一组检验存在四种情况：若系数 α_{it} 显著为零，λ_{it} 显著不为零，则 y 是 x 的格兰杰因；若系数 α_{it} 显著不为零，λ_{it} 显著为零，则 x 是 y 的格兰杰因；若两组都显著为零，则二者是相互独立的，不存在相互影响；若两组都显著不为零，则二者存在相互影响，存在格兰杰意义上的因果关系。

表 4 – 12　　　　　　　　　格兰杰因果关系检验结果

总量数据					人均数据				
Equation	Excluded	chi2	df	Prob	Equation	Excluded	chi2	df	Prob
h_lnrhpi	h_lnrtgdp	8.8661	2	0.012	h_lnrhpi	h_lngdp	38.173	8	0.000
h_lnrtgdp	h_lnrhpi	7.1157	2	0.028	h_lngdp	h_lnrhpi	68.003	8	0.000

结果显示，在这 21 个国家 34 年的样本中房价和经济总产出及人均产出之间存在相互影响的关系。

房价与经济产出之间存在相互影响的关系，说明经济增长会带动房地产价格的上升，同样房地产价格上升也会带来经济总产出的增加。

二、房地产与经济产出结构

通过上述分析可以发现，房地产对消费和工业企业投资存在正反两个方向的作用机制，但是由于房地产本身属于固定投资的重要组成部分，对总投资存在正向的拉动作用。本书认为，由于房地产具有虚拟性，房地产领域容易被投机利用，形成泡沫，从而使房地产价格偏离经济基本面。当房地产没有偏离经济基本面时房地产对消费和投资表现为正向作用，房地产对产出结构的影响较小。但是随着房地产价格偏离经济基本面的程度加深，房地产对消费的总体消费为负，挤出工业企业投资。从消费和投资的角度看，消费占比下降，总投资占比上升；从投资的内部结构看，房地产领域的投资增加，挤出了工业企业投资，从而使得经济的产出结构发生了变化。

接下来将利用上述实证结论分析中国现实经济产出结构的变动。

（一）消费率逐渐下降，有效内需长期不足

随着经济的不断增长，我国人均收入水平大幅度提高，居民消费水平也得到了较大的改善，但是在经济发展过程中伴随的一个重要问题就是内需不足。在 2007 年金融危机之前，由于对外出口占比较大，内需不足的现象并不是特别突出。随着金融危机的爆发导致全球经济出现放缓迹象，同时欧洲债务危机将欧洲各国拖入泥沼，欧美等主要发达国家的对外需求减少。随之，中国国内产业供给明显过剩，有效需求不足的问题日益严峻。此外，虽然我国居民消费总量和居民的人均消费水平在提高，但整体而言消费率（总消费占 GDP 的比）呈现下降趋势。造成内需不足，消费率下降的原因是多方面的。但是应该注意的

是，如图 4 - 2 为中国 1999～2013 年消费率与房屋销售价格趋势图。消费率下降的过程中伴随着房地产价格的上升。国际经验显示房价变动对居民消费确实有显著的影响，而影响程度的大小取决于多种因素。实证研究的结果显示中国房价变动对消费的弹性系数是负的，即房价上涨，消费反而减少，这与黄静、屠梅曾（2009），陈彦斌、邱哲圣（2011）等的研究结论相一致。

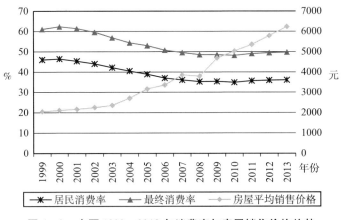

图 4 - 2　中国 1999～2013 年消费率与房屋销售价格趋势

结合本书的主要结论，我国房价变动对消费的总效应为负，其主要原因包括：

第一，我国处于工业化进程中，仍以实体经济为主，工业增加值占比相比世界其他国家较高。近十几年来我国经济增长率和房价处于快速增长趋势，根据上述门槛效应分析，较高的工业增加值占比、较高的经济增长速度和较高的房价上涨速度会使房地产的财富效应小于挤出效应。从现实角度而言，工业化进程中，较高的经济增长率和较高的房价上涨速度意味着社会中更多的资源如人力和资本投入到固定资产投资领域，必然会抑制消费的增长。这与颜色、朱国钟（2013）的结论相一致的。

第二，虽然我国经济总量不断上升，成为世界第二的经济体，但是人均收入水平仍然较低，仍然是中等收入国家。门槛估计模型结果表明，收入水平对房地产财富效应表现出正向递增的门槛效应，收入水平越高，消费的房价弹性越大。此外，虽然我国宏观经济杠杆率并未处于最低水平，但拆分中国国内信贷结构可以发现，中国居民消费性贷款，尤其是短期消费性贷款占比较低。如图4-3所示，在人民银行公布的2013年中国境内贷款去向图中，2013年住户消费性贷款余额同比增长24.3%，高于总贷款余额增长率14.1%，但是到2013年底，居民消费性贷款仅占总贷款额的18.09%。而居民消费性贷款中有接近80%属于中长期贷款，其中购房贷款占了绝大部分比重。我国居民短期消费性贷款占总信贷额的3%，在美国短期居民消费性贷款占信贷总额的比为13%[①]，远超中国。

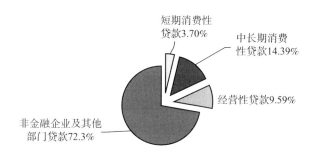

图4-3 2013年中国境内贷款去向

也就是说整个国家而言宏观经济杠杆率上升，但是主要是企业杠杆的延长，我国家庭债务占比较低，相反我国一直保持较高的储蓄率，这虽然对于金融稳定有利，但是却不利于推动消费增长、抑制了内需。

（二）出现产业空心化，局部产业过剩

我国正处于工业化进程中，到2014年我国工业增加值已经达到22.8万亿元，工业出口数量超过美国，成为世界第一大工业出口国。

---

① 万得金融终端，经济数据库。

但是当前我国只能算是工业大国而不能称得上是工业强国。我国当前的工业增加值率①不到23%，而发达国家的在35%～40%。我国要实现现代化，就必须推动工业由中低端向中高端转变。美国金融危机后提出"再工业化"以及德国提出了"工业4.0时代"都体现了各国对工业的重视。

但是伴随着中国经济的快速增长，中国房地产的价格也较快增长，并且明显快于经济增长速度。根据本书结论，房地产价格的上涨会抑制工业企业的增长，尤其是工业企业的研发投入，而研发投入是企业升级换代、提高收益的根本保证。按照人均收入水平，我国现在已经是中等收入国家，近几年宏观经济杠杆率快速增长，房地产领域逐渐产生泡沫并逐渐增大，在这种情况下，虽然房价上涨带动了总投资的增长，但是也对工业造成抑制作用，这显然不利于我国经济的健康可持续发展。房价的快速上涨将社会的资金大量吸引到房地产市场，在经济发达、房价上涨较快的东部沿海城市，"宁炒一座楼，不开一家厂"的观念盛行，房地产逐渐掏空了实体经济，出现产业空心化现象，严重阻碍了实体经济的发展。王文春、荣昭（2014）基于我国1999～2007年35个大中城市规模以上工业企业数据的研究发现，房价上涨抑制了工业企业的创新，他们引用的数据显示，2007年35个大中城市上市的工业企业中超过半数涉足房地产业务。吴海民（2012）通过研究我国沿海地区12省市民营工业企业2001～2010年面板数据也发现房地产价格上涨存在引发民营工业"规模空心化"和"效率空心化"的作用机制。

2014年，我国进入增速换挡、结构调整阶段，房地产价格出现回落，相应的与房地产密切相关的钢铁、水泥等行业出现严重的产能过剩。由于房地产的虚拟性，房地产价格的升降会在短时间内显现，但是房地产还具有实体性，是经济产业链中重要的一环，尤其是房地产的建设过程中与建筑业密切相关。在房地产价格上升的过程中，全国各地全面开工，房地产开发投资量巨大，对钢铁水泥的需求增加，需求的扩张

---

① 工业增加值率为一定时期内工业增加值与工业总产出的比，反映企业盈利能力。

带来了供给的增加，各企业规模扩大，产能提升，甚至本来不从事相关行业的资金也会进入建筑业相关行业。但是伴随着房地产市场的降温，支撑其运行的实体经济行业并不能迅速得做出调整，形成了严重的产能过剩。

第四节 本 章 小 结

本章依次研究了房价对消费、投资和经济总量的影响，具体结论如下：

第一节基于相关的前期文献，采用了 1975～2013 年 53 个国家的面板数据进行对比检验分析，相关结论如下：第一，就世界范围而言，房价变动显著地促进了居民消费，但在不同的地区和不同的时间段，房价变动对消费的财富效应和挤出效应不均衡，房价对消费的总效应不一致，甚至出现负值。具体而言 2000 年之前的总效应小于 2000 年之后；房价上涨时期远大于房价下降时期；高收入的非 OECD 国家的远大于 OECD 国家和中等收入国家。因此，房地产的财富效应具有明显的地区差异和阶段性差异。第二，为分析造成房地产财富效应的差异的原因，本书进一步对人均国民收入、宏观经济杠杆率、经济增长率、工业增加值的 GDP 占比和房价上涨速度等变量进行了门槛检验，结果证实了房价对消费的总效应存在显著的双重门槛特征。人均国民收入、宏观经济杠杆率的门槛效应呈正向递增趋势，人均国民收入和宏观经济杠杆率每提高一个阶段，房价波动对消费的影响就会显著增强。而经济增长率、工业增加值的 GDP 占比和房价上涨速度对房价影响消费的总效应有显著的负向门槛效应。过快的经济增长率和房价上涨率反而会抑制房地产财富效应的实现，实体经济为主的国家或地区，房地产财富效应也受到抑制。

第二节在理论分析的基础上，利用 53 个国家和地区的面板数据，实证检验了房价对投资的影响。具体结论如下：首先，总体而言，房价对总投资有正向的影响，而对工业企业增加值和研发投入有负的影响。房价上升虽然推动了总投资的上升，但是会抑制工业企业的发展，尤其是不利于工业企业的创新。并且通过对比出现房地产泡沫时和没有房地产泡沫时的结果可以发现，存在泡沫时房价对总投资的正向作用大于不存在泡沫时，并且对工业增加值和研发投入的负向作用也大于不存在泡沫时。这进一步证明房价上涨虽然带动总投资的增长，但是对工业企业却有抑制作用。其次，分别考察了宏观经济杠杆率、收入水平、房价涨跌对上述结论的影响。结果发现，宏观经济杠杆率高、房价上涨的地区，房价对总投资的正向作用更强，对工业企业的抑制作用更强。但是收入水平却呈现相反的特点，收入水平高的地区，上述影响机制反而较弱，笔者认为这是由于当前收入水平高的地区大部分都已经完成工业化进程，而中等收入地区则处于工业化进程中。这从中等收入国家房价与工业增加值的正向关系可以证明。

第三节用国际数据实证检验了房价变动与经济增长的关系。结果发现，首先房价与经济产出存在正向的相互影响，并且存在格兰杰意义上的因果关系。说明房价的上涨能够推动经济的增长，同样经济的增长也会推动房价的上涨。其次，对经济产出结构的分析可以发现，房地产过快发展存在对消费和工业投资的挤出效应，不利于经济的可持续发展。

结合第二章的相关结论，房地产确实能够在一定程度上带动相关产业的增长从而助推经济总产出的增加，但是，一方面从产业的角度看其带动强的是金融等虚拟经济产业，而对实体产业带动作用较小，另一方面有可能会挤出实体经济的消费和投资，最终导致产出结构的不合理，经济增长变得不可持续。因此需要通过财政、货币、税收等手段，应该合理疏导资金流向实体经济，摒弃以房地产作为"经济支柱"、"增长引擎"等观念，抑制房地产的过快发展。

第五章

房地产价格与物价指数

——基于投入产出价格模型

现有文献对房地产与物价水平的研究主要围绕三个主要方面展开：房地产与物价关系的存在性、房地产对物价的影响机制和二者关系的影响因素。并且大多数将房地产作为资产的代表，研究资产价格与物价的关系。

本章立足于房地产价格变动的基本事实，从产业的角度，应用非竞争型投入产出价格影响模型，分析房地产行业价格变动对各行业价格以及整体物价水平的影响程度。本章的重点在于结合中国对不同发展阶段、不同产业结构的国家各种价格指数对房地产价格变动的敏感程度进行国际比较和动态分析，并对分析结果进行了进一步解释。

第一节 投入产出价格影响模型[①]

一、投入产出价格影响模型的基本假设

投入产出价格影响模型主要基于以下假设：（1）价格变动为成本

---

① 本部分内容的核心观点已经发表于《现代财经》2014 年第 7 期。

推动型的，不考虑由于价格变动引起的工资和利润率的改变；（2）当某产业产品价格发生变动时，其他产业没有采取节约成本的措施，即投入系数不变；（3）不考虑价格变动引起的供求变化和由供求引起的价格变化；（4）折旧率不变。

二、非竞争型产品价格影响模型

研究某一产业部门产品价格变动对其他产业部门产品价格的影响需要用到产品价格影响模型。产品价格影响模型研究的是在其他部门价格不变的情况下，某一个或者某几个部门产品价格发生变动对其他部门价格水平的影响。下面将推导非竞争型产品价格影响模型。

非竞争型投入产出表列平衡关系为：

$$\sum_{i=1}^{n} z_{ij}^{d} + \sum_{i=1}^{n} z_{ij}^{m} + v_{j} = x_{j} \tag{5.1}$$

其中，z_{ij}^{d} 为国内 i 部门对 j 部门的中间投入，z_{ij}^{m} 为国外 i 部门对 j 部门的中间投入，v_{j} 为 j 部门的增加值，又叫初始投入，x_{j} 为 j 部门的总投入，等于 j 部门的总产出。

本章要分析的是国内一个部门（房地产业）价格变动对其他部门产品价格变动的影响。假设主动调价部门为部门 i，价格变动为 Δp_{i}，其他部门为从动部门，增加值不变，进口品价格不变。从而有：

$$\sum_{i=1}^{n} (1 + \Delta p_{i}^{d}) z_{ij}^{d} + \sum_{i=1}^{n} z_{ij}^{m} + v_{j} = (1 + \Delta p_{j}^{d}) x_{j} \tag{5.2}$$

公式（5.2）减（5.1）式有：

$$\sum_{i=1}^{n} \Delta p_{i}^{d} z_{ij}^{d} = \Delta p_{j}^{d} x_{j} \tag{5.3}$$

两边同时除以 x_{j} 有：

$$\Delta p_{j}^{d} = \sum_{i=1}^{n} \Delta p_{i}^{d} a_{ij}^{d} \tag{5.4}$$

其中，$a_{ij}^{d} = \dfrac{z_{ij}^{d}}{x_{j}}$ 为直接投入系数。

令 $\Delta P^d = (\Delta p_1^d, \Delta p_2^d, \cdots, \Delta p_n^d)^T$，则：$\overline{A_n^d} \Delta P^d = \Delta P^d$，即 $(I - \overline{A_n^d})$ $\Delta P^d = 0$。

其中，$\overline{A_n^d} = \begin{pmatrix} a_{11}^d & \cdots & a_{i1}^d & \cdots & a_{n1}^d \\ \vdots & & \vdots & & \vdots \\ 0 & 0 & 1 & 0 & 0 \\ \vdots & & \vdots & & \vdots \\ a_{n1}^d & \cdots & a_{ni}^d & \cdots & a_{nn}^d \end{pmatrix}$

那么有：$\begin{pmatrix} 1-a_{11}^d & \cdots & -a_{i1}^d & \cdots & -a_{n1}^d \\ \vdots & & \vdots & & \vdots \\ 0 & 0 & 0 & 0 & 0 \\ \vdots & & \vdots & & \vdots \\ -a_{n1}^d & \cdots & -a_{ni}^d & \cdots & 1-a_{nn}^d \end{pmatrix} \begin{pmatrix} \Delta p_1^d \\ \vdots \\ \Delta p_i^d \\ \vdots \\ \Delta p_n^d \end{pmatrix} = 0$

运算后第 i 项移到等号右边，则有：

$$(I - \overline{A_{n-1}^d}) \Delta P_{n-1}^d = \Delta P_i^d \overline{A_i^d} \qquad (5.5)$$

其中 $\overline{A_{n-1}^d}$ 为 $\overline{A_n^d}$ 剔除第 i 行和第 i 列的 $n-1$ 阶方阵，$\overline{A_i^d}$ 则为 $\overline{A_n^d}$ 中第 i 列元素剔除第 i 个元素后的 $n-1$ 阶列矩阵，ΔP_{n-1}^d 为价格向量剔除第 i 个元素后的 $n-1$ 阶列向量。那么最终我们得到：

$$\Delta P_{n-1}^d = \Delta P_i^d (I - \overline{A_{n-1}^d})^{-1} \overline{A_i^d} \qquad (5.6)$$

公式（5.6）为非竞争投入产出产品价格影响模型的最终表达式。

第二节　数据说明与数据处理

本节数据来源和行业归并方法与第二章第二节相同。同样采用世界投入产出数据库（wiod）的非出口竞争型投入产出表，将原表中 35 个部门归并为 14 个产业。

在国家选择上，本节选取了中国、美国、德国和俄罗斯四个国家。为了分析不同经济发展程度下房地产业价格对物价的影响，本章着重分析了中国 2000 年前后房地产业价格变动对物价影响的差异，并选取了美国和德国作为发达国家的代表，同时选取与中国经济发展程度相当并同为金砖五国之一的俄罗斯来进行对比分析。就经济结构而言，美国自 20 世纪 60 ~ 70 年代开始去工业化，经济虚拟化程度逐渐上升，并于 2008 年爆发了由次贷危机引发的金融危机，并危及全球；德国是高度发达的工业国，主要经济支柱是工业，德国是典型的实体经济为主的国家。德国 1993 年经历了战后最严重的衰退，1994 年经济开始回升，在之后经济虽有小幅波动但保持相对平稳的增长趋势；俄罗斯 1992 ~ 2000 年经历了"休克疗法"，其间俄罗斯出现恶性通货膨胀，经济发生了严重的衰退。2000 年之后俄罗斯经济增长强势，但 2008 年金融危机导致俄罗斯经济出现负增长。因此通过动态分析和国际比较可以看清房地产业价格对物价影响程度与经济发展程度和经济结构的关系，以及在危机来临前的表现，从而为中国应对房地产业潜在的危机和风险提供参考。

目前国家统计局统计计算的物价指数主要有：居民消费价格指数（CPI）、商品零售价格指数（RPI）、农业生产资料价格指数（AMPI）、农产品生产价格指数（MTPI）、固定资产投资价格指数（FAIP）和工业生产者价格指数（PPI）等[①]。

各类价格指数统计范围与产业分类的对照如表 5 - 1 所示。各物价指数的测算内容不同，其中 CPI 反映居民家庭购买消费商品及服务的价格水平的变动情况，RPI 只反映社会消费商品的价格水平的变动情况，PPI 反映工业企业产品出厂价格变动趋势和变动程度，FAIP 反映固定资产投资价格变动趋势和程度，MTPI 则反映农产品生产者出售农产品价格水平变动趋势及幅度。因此通过对比各类物价指数受房地产业价格变动影响的大小可以发现物价变动的来源，因此本章选取这几个指标作为测算物价水平的指标。

---

① 《中国统计年鉴 - 2013》：中国统计出版社 2013 年版。

表 5 – 1		各类物价指数测算范围与行业对照			
		产业		价格指数	
实体经济		农业	MTPI		
		原材料工业	PPI	RPI	CPI；FAIP
		消费品工业			
		装备制造业			
		电气水供应业			
		建筑业			
		批发零售业			
		住宿餐饮业			
		运输和仓储业			
虚拟经济（高端服务业）		金融业			
		房地产业			
		租赁和商业服务业			
一般服务业		公共服务业			
		其他服务业			

我国自 2001 年开始采用国际通行的链式拉氏贝尔公式来计算物价指数，对于每类物价指数先分别编制每一部分的价格指数，然后采用加权算术平均法求出价格总指数。在产品价格影响模型的基础上根据不同的权重可以计算各类物价指数，这与国家统计局统计的价格指数在内涵上是一致的。基本公式为：

$$\Delta PI^m = \sum_{i=1}^{n} \frac{\pi_i^m}{\pi^m} \Delta p_i \qquad (5.7)$$

其中 ΔPI^m 表示价格指数 m 的变动，$\frac{\pi_i^m}{\pi^m}$ 表示第 i 个产业在该物价指数中所占的权重。具体各物价指数权重如表 5 – 2 所示。

表 5 – 2   各类价格指数与投入产出表中的权重对照

价格指数	权重
居民消费价格指数（CPI）	居民消费权重
商品零售价格指数（RPI）	居民消费商品权重
固定资产投资价格指数（FAIP）	固定资本形成权重
工业生产者出厂价格指数（PPI）	工业产业总产出权重
农产品生产价格指数（MTPI）	农产品产出权重

第三节　房地产价格变动对不同物价指数的影响

一、对其他产业价格水平的影响

表 5 – 3 为在不考虑传导时滞和传导阻滞的情况下，根据公式（5.6）计算的中国房地产业价格变动 10% 的情况下各产业价格变动百分比。

（1）房地产业价格变动对服务类产业影响幅度大于实体经济类产业。如表 5 – 3 所示，当中国房地产部门产品价格变动 10% 的情况下，从横向来看价格变动幅度最大的六个产业分别为金融业、公共服务业、批发零售业、租赁和商业服务业、其他服务业、住宿和餐饮业。在服务类行业中虚拟经济类行业（或高端服务业）总体受影响的程度大于其他产业，特别是制造业。在房地产业价格变动相同幅度下，金融业价格变动幅度是装备制造业价格变动幅度的 4.9 倍[1]，是消费品工业的 5.3 倍，原材料工业的 5.7 倍。虽然金融业和租赁服务业受房地产产业价格影响的程度有所波动，但仍高于大多实体经济类产业。

（2）房地产业价格变动对金融业的影响程度较大，但是从历史的

---

[1]　结果为 17 年的平均值比较。

角度看，受影响的程度在 1995～2011 年间一直在下降。房地产业价格变动 10% 时，金融业价格变动幅度从 1995 年的 1.12% 下降到 2002 年的 0.5%。这是因为，在住房实物配给阶段，房屋是由各单位建设分配给员工居住，所需资金大多来自金融支持，个人无需出资。但是在市场条件下，无论是开发商的开发阶段还是个人购买住房阶段在向金融机构融资的同时会有一部分自有资金的投入，因此在房地产业由住房实物配给阶段向市场化阶段过渡的时期金融业价格受房地产价格影响的幅度会出现一定幅度的下降。2002 年之后完成了房地产市场化阶段过渡，金融业价格受房地产业价格影响的幅度处于相对稳定的水平。

（3）经济发展程度和房地产市场化程度不同，房地产业价格变动对其他产业价格变动的影响程度呈不同状态。2000 年是中国房地产市场化的分水岭，从纵向来看，房地产业价格幅度变动 10% 的情况下，对大部分产业价格的影响幅度都是先减小，到 2000 年房地产市场化完成，随着经济发展程度的提高各产业受房地产业价格变动影响的程度逐渐增大，呈"U型"。以批发零售业和住宿餐饮业为例，批发零售业价格变动幅度从 1995 年的 0.49%，下降到 2000 年的 0.26%，但是又慢慢上升到 2011 年的 0.36%。同样住宿和餐饮业价格变动幅度从 1995 年的 0.17% 下降到 2000 年的 0.12%，又升到 2011 年的 0.25%。但是公共服务业与其他产业呈现相反的趋势，呈倒"U型"。在 2002 年之前公共服务业受房地产业价格变动影响的幅度越来越大，而 2002 年之后逐渐减小。在 1999～2004 年高于所有产业的价格变动幅度。这主要由于以下两个原因：首先由于 1993 年房地产泡沫严重，政府实行紧缩性调控政策，停止银行贷款，政府直接干预房地产市场。而到 1998 年底政府出台了一系列刺激房地产业发展的政策，到 2000 年开始中国房地产业开始复苏，并开始进入房地产的商品化时代。其次，1994～2000 年是中国住房市场由实物配给到市场化的过渡时期，政府对房地产业的干预越来越大，而 2000 年后市场化程度提高，政府对房地产业的干预程度相对降低。

表 5 - 3　　　　　中国房地产产业价格变动对其他产业价格的影响

年份\行业	1995	1996	1997	1998	1999	2000	2001	2002	2003	2004	2005	2006	2007	2008	2009	2010	2011
金融业	1.12	0.91	0.73	0.66	0.57	0.52	0.51	0.50	0.44	0.39	0.37	0.36	0.36	0.33	0.36	0.38	0.37
租赁和商业服务	0.27	0.27	0.27	0.22	0.18	0.15	0.14	0.13	0.15	0.15	0.17	0.19	0.22	0.20	0.23	0.24	0.23
公共服务业	0.33	0.31	0.31	0.61	0.70	0.75	0.81	0.86	0.65	0.46	0.33	0.23	0.14	0.13	0.15	0.16	0.15
其他服务业	0.19	0.18	0.17	0.18	0.16	0.15	0.15	0.15	0.16	0.16	0.17	0.19	0.21	0.20	0.23	0.23	0.23
批发零售业	0.49	0.40	0.35	0.32	0.28	0.26	0.26	0.26	0.27	0.27	0.29	0.31	0.34	0.32	0.36	0.37	0.36
住宿和餐饮业	0.17	0.15	0.13	0.14	0.13	0.12	0.12	0.12	0.15	0.16	0.17	0.2	0.23	0.21	0.24	0.25	0.25
运输和仓储业	0.15	0.13	0.11	0.11	0.1	0.09	0.09	0.09	0.11	0.11	0.13	0.14	0.16	0.15	0.18	0.19	0.18
装备制造业	0.16	0.13	0.11	0.11	0.09	0.08	0.08	0.08	0.08	0.08	0.08	0.10	0.11	0.11	0.14	0.14	0.13
消费品工业	0.13	0.10	0.09	0.08	0.08	0.07	0.07	0.07	0.08	0.08	0.09	0.10	0.12	0.11	0.13	0.13	0.13
原材料工业	0.15	0.13	0.11	0.10	0.08	0.07	0.07	0.07	0.07	0.06	0.07	0.08	0.09	0.09	0.11	0.11	0.10
建筑业	0.14	0.11	0.10	0.09	0.07	0.06	0.06	0.07	0.07	0.06	0.07	0.08	0.1	0.09	0.11	0.11	0.11
电、煤气、水供应业	0.13	0.11	0.09	0.09	0.07	0.06	0.06	0.06	0.06	0.05	0.06	0.07	0.08	0.08	0.10	0.10	0.09
农业	0.06	0.05	0.05	0.04	0.04	0.04	0.04	0.04	0.04	0.03	0.03	0.04	0.05	0.04	0.05	0.05	0.05

数据来源：根据世界投入产出数据库公布的投入产出表计算得到。

二、对整体物价水平的影响

在不考虑传导时滞和传导阻滞的情况下，根据投入产出产品价格模型得到房地产业价格变动对各类物价指数的影响是最大程度的影响或者潜在影响。表5-4是根据公式（5.6）计算的在房地产部门产品价格变动10%的情况下，各类物价指数的变动幅度。

（1）各类物价指数受房地产业价格变动影响幅度由大到小分别是：居民消费价格指数（CPI）＞固定资产投资价格指数（FAIP）＞农产品价格指数（MTPI）＞零售商品价格指数（RPI）＞工业生产者出厂价格指数（PPI）。相比其他价格指数居民消费价格指数（CPI）涨幅最大，因为CPI中服务类产业占的比重是最大的，而上述分析也显示房地产业价格变动影响最大的前六个产业大部分是服务类产业。1995～2011年，房地产业价格平均每年变动10%的情况下，RPI、PPI、MTPI和FAPI的平均变动幅度分别0.09%、0.1%、0.11%和0.41%，都小于CPI平均变动幅度，为0.9%。与其他物价指数相比，CPI的测算范围不仅包含实体经济类产业产品，还包含各项服务，服务类产业尤其是虚拟经济类产业权重高。因此，房地产业价格变动对CPI的影响程度大于对其他物价指数的影响程度。

（2）房地产部门价格变动对CPI影响的程度越来越大。若房地产业价格平均每年变动10%，受此影响，1995～2011年CPI的变动幅度由0.74%上升到1.09%。房地产业对CPI影响程度越来越大的一个重要原因是在居民的消费篮子中，服务类消费占比越来越高，1995年服务类消费只占28.5%，到2011年服务类消费占居民消费的比例为50.4%，2009年、2010年则达到54%[①]。

---

① 根据历年中国统计年鉴计算得到。

表 5-4　　　　中国房地产业价格变动对各类物价指数的影响

年份\指数	1995	1996	1997	1998	1999	2000	2001	2002	2003	2004	2005	2006	2007	2008	2009	2010	2011
居民消费物价指数	0.74	0.72	0.74	0.8	0.81	0.84	0.89	0.94	0.94	0.9	0.92	0.96	1.05	0.93	1.02	1.08	1.09
固定资产投资价格指数	0.33	0.32	0.32	0.35	0.32	0.3	0.31	0.32	0.39	0.43	0.47	0.49	0.5	0.47	0.56	0.56	0.53
农产品价格指数	0.18	0.14	0.12	0.12	0.10	0.10	0.10	0.10	0.10	0.08	0.09	0.10	0.12	0.11	0.13	0.13	0.13
零售商品价格指数	0.14	0.11	0.09	0.09	0.08	0.07	0.07	0.07	0.08	0.07	0.08	0.10	0.11	0.11	0.13	0.13	0.13
工业生产者出厂价格	0.15	0.12	0.10	0.10	0.08	0.07	0.08	0.08	0.08	0.07	0.08	0.09	0.11	0.11	0.13	0.13	0.12

数据来源：根据世界投入产出数据库公布的投入产出表计算得到。

（3）房地产业价格变动对固定资产投资价格指数（FAPI）影响较大。统计数据显示，中国资本形成总额最高的四个产业分别是建筑业、装备制造业、房地产业和批发零售业，其中房地产业和批发零售业资本形成额占资本形成总额的10%左右。对于中国而言，房地产业价格变动对FAPI影响的幅度大于RPI、PPI、MTPI，但是小于CPI。这是因为FAPI的测算范围与CPI一样包含所有行业，但是其服务业的占比远小于CPI。

（4）各类物价指数受到房地产业价格变动的影响程度与房地产业的市场化程度和经济发展程度相关。如表5-5所示，从历史的角度看，FA-PI、MTPI、RPI和PPI受房地产业价格变动影响的程度都在1995～2000年逐渐下降，但是到2000年前后开始逐渐上升。这是由于1994～2000年为房地产市场由计划配给制向市场化的过渡时期，而2000年之后我国房地产实现市场化并且经济发展程度逐步提高。所以，中国的经济发展程度越高，房地产业市场化程度越高，各类物价指数受房地产业价格变动影响的幅度越大。

第四节　房地产业价格变动对物价影响的国际比较

上文分析了中国1995～2011年房地产业价格变动对其他产业价格水平和一般价格水平的影响。那么与中国相比，世界上其他国家房地产业价格对一般价格水平的影响是怎样的？经济发展程度和经济结构的差异是否会导致这种影响的不同？下面将对比中国分析美国、德国、俄罗斯三个国家房地产部门产品价格变动对各产业价格和一般物价水平的影响。

一、对其他产业的影响

图5-1为根据公式（5.6）计算的美国、德国、俄罗斯房地产业价格变动10%的情况下各产业价格的变动幅度并与中国的对比。在相同

刻度下各产业的曲线高说明此产业价格受房地产业价格影响大。通过对比发现，不同发展程度不同经济结构的国家各产业受房地产业价格影响的程度既有共同点又存在差异性。

（1）对于每个国家来说，虽然发展程度和经济结构不同，但房地产业价格变动影响程度最大的大部分都是服务类产业。尤其是金融业与租赁和商业服务业受房地产产业价格影响的程度在各国均排在前列，这与中国的情况是相同的。这说明房地产业自身特征使其与虚拟经济（或高端服务业）联系紧密，而这恰恰说明房地产业的运行方式与实体经济的运行方式不同，更加接近于服务类产业，尤其是以金融与租赁和商业服务业为代表的虚拟经济类产业（或高端服务业）。

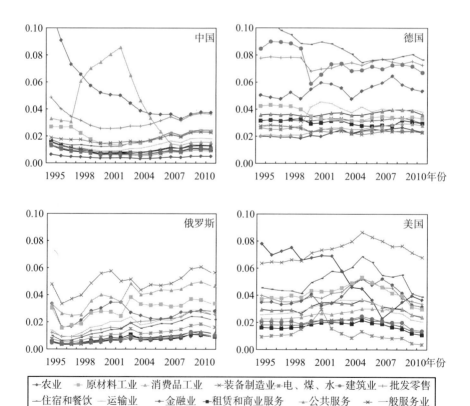

图 5-1　各国房地产业价格变动对其他产业的影响

（2）房地产业价格变动对各国金融业的影响大，但随着金融危机的爆发而下降。首先与其他产业部门比较，美国、俄罗斯和德国金融业受房地产业价格影响的程度都较高。但是，在2008年底金融危机发生前的2005年、2006年、2007年和2008年美国金融业受房价的影响程度高于其他年份，但是金融危机之后呈现逐年下降的趋势。俄罗斯1996~1999年遭受金融危机的冲击房地产业价格变动对金融业价格的影响程度也出现了下降。德国经济以实体经济为主，在1995~2011年间经济体内没有破坏性的金融危机，房地产业价格每年变动10%的情况下，对金融业价格影响程度虽有波动但幅度较小。

（3）经济虚拟化程度越高房地产业价格变动对实体经济的影响越小。一个国家虚拟经济类产业占经济的比重越高则虚拟化程度越高，世界上美国和英国为典型的经济虚拟化国家，而德国和日本则为典型的实体经济为主的国家。[14]美国与德国相比较，美国房地产业价格对实体经济的影响小于德国。美国装备制造业受房地产业价格影响的程度仅是德国的60%，而原材料工业则为德国的50%。

（4）发达国家房地产业价格变动对其他产业价格影响的幅度大于发展中国家。四幅图上下两两对比可以发现，在相同刻度下，以中国和俄罗斯为代表的发展中国家的曲线整体而言低于以德国和美国为代表的发达国家。这说明，由于发达国家经济发展程度高、产业链成熟，房地产业与其他产业的关联度较高。因此房地产业价格变动对发达国家物价影响程度大于发展中国家。

（5）发展中国家政府对房地产市场的干预程度略大于发达国家。各国政府均在一定程度上参与了房地产市场的干预，中国和俄罗斯房地产业价格变动10%对公共服务业的影响程度与其他产业比较排名相对靠前，分别平均为0.41%和0.39%，美国和德国的平均分别为0.26%和0.25%，小于大部分产业。相对而言，中国和俄罗斯政府直接干预的程度高一些，而美国和德国则主要通过提供保障房等方式干预市场。

二、对物价水平的影响

表 5 - 5 是根据公式（5.6）计算的美国、德国和俄罗斯各类物价指数在房地产业价格变动 10% 时的变动百分比。对比中国的情况，主要有以下几方面异同点。

（1）服务类产业比重高的价格指数受房地产业价格变动影响程度大。在所有价格指数中 CPI 是每个国家受房地产业价格变动影响程度最大的。相反，PPI 和 RPI 则是每个国家受房地产业价格变动影响程度最小的。这是与中国的情况相同的，因为 CPI 中包含服务类产业价格变动，而零售商品价格指数和工业生产者出厂价格指数则只包含实体经济类产业价格的变动。

（2）发达国家物价对房价比较敏感。整体而言，房地产业价格变动相同幅度，美国和德国的物价变动幅度大于中国和俄罗斯。以 CPI 为例，房地产业价格变动 10%，美国和德国 CPI 分别平均变动 1.96% 和 2.42%，中国和俄罗斯则分别平均变动 0.9% 和 0.76%。房地产业变动对以实体经济占主体的 PPI 影响也是如此，房地产业价格变动 10%，美国和德国 PPI 分别变动 0.2% 和 0.32%，而中国和俄罗斯只变动 0.1% 和 0.07%。这在一定程度上说明发达国家虽然市场化程度高、经济水平高，抵抗房价波动的能力反而比发展中国家弱。当然不可忽视的一个现象是中国和俄罗斯近十几年的房价变动速度比美国和德国快得多。这会掩盖发达国家物价对房地产业价格敏感的事实。比如假设中国房地产业价格平均每年变动 10%，而德国每年变动 1%，那么中国和德国 CPI 会因此分别变动 0.9%、0.24%。

表 5－5　各国房地产业价格对物价指数的影响

年份 指数		1995	1996	1997	1998	1999	2000	2001	2002	2003	2004	2005	2006	2007	2008	2009	2010	2011
美国	居民消费物价指数 CPI	1.90	1.91	1.91	1.90	1.89	1.92	1.96	1.99	1.98	2.00	2.05	2.04	2.01	2.00	2.04	1.97	1.87
	固定资产投资价格指数	0.55	0.55	0.55	0.55	0.54	0.56	0.59	0.64	0.70	0.74	0.78	0.69	0.62	0.53	0.53	0.47	0.45
	农产品价格指数	0.44	0.41	0.42	0.42	0.38	0.42	0.45	0.45	0.41	0.38	0.40	0.36	0.30	0.31	0.32	0.30	0.28
	零售商品价格指数	0.22	0.21	0.21	0.22	0.21	0.25	0.28	0.26	0.25	0.24	0.27	0.24	0.23	0.21	0.21	0.17	0.15
	工业生产者出厂价格	0.20	0.19	0.19	0.19	0.19	0.21	0.23	0.23	0.23	0.22	0.25	0.22	0.22	0.19	0.18	0.15	0.13
德国	居民消费物价指数 CPI	2.36	2.42	2.43	2.42	2.37	2.38	2.37	2.42	2.44	2.41	2.42	2.42	2.45	2.46	2.53	2.47	2.39
	固定资产投资价格指数	0.79	0.81	0.80	0.80	0.77	0.65	0.68	0.73	0.73	0.69	0.68	0.71	0.69	0.71	0.71	0.70	0.66
	农产品价格指数	0.53	0.54	0.53	0.55	0.55	0.49	0.49	0.52	0.53	0.48	0.47	0.51	0.52	0.51	0.53	0.53	0.50
	零售商品价格指数	0.34	0.34	0.33	0.34	0.34	0.32	0.33	0.34	0.34	0.32	0.32	0.33	0.33	0.34	0.34	0.33	0.31
	工业生产者出厂价格	0.32	0.33	0.32	0.33	0.32	0.31	0.32	0.33	0.33	0.31	0.31	0.31	0.32	0.32	0.34	0.33	0.31
俄罗斯	居民消费物价指数 CPI	0.64	0.41	0.45	0.52	0.58	0.61	0.68	0.72	0.88	0.79	0.82	0.87	0.88	0.94	1.04	1.08	1.03
	固定资产投资价格指数	0.07	0.05	0.05	0.05	0.07	0.08	0.09	0.09	0.12	0.10	0.10	0.11	0.11	0.12	0.16	0.15	0.13
	农产品价格指数	0.08	0.05	0.06	0.06	0.07	0.08	0.09	0.09	0.11	0.10	0.10	0.12	0.12	0.13	0.15	0.15	0.14
	零售商品价格指数	0.06	0.04	0.04	0.04	0.05	0.06	0.07	0.07	0.10	0.08	0.08	0.09	0.09	0.10	0.12	0.13	0.11
	工业生产者出厂价格	0.06	0.04	0.04	0.05	0.06	0.07	0.08	0.08	0.10	0.08	0.07	0.08	0.08	0.09	0.11	0.11	0.09

数据来源：根据世界投入产出数据库公布的投入产出表计算得到。

（3）德国实体经济类产业受房地产业价格影响的程度大于其他国家。相对于其他发达国家，德国是实体经济占比较高的国家，尤其是德国的制造业，2011年德国制造业创造的增加值占GDP的22.6%。中国制造业创造的增加值占GDP的比例也是很高的，在2011年达到36.8%。但是中国实体经济价格受房地产业价格影响的幅度较小，这主要是因为德国的制造业主要是高端制造业，附加值相对较高。德国制造业的增加值率为30%，而中国的只有21%。

（4）美国、德国两国固定资产价格指数对房地产业价格变动的敏感度远大于俄罗斯。房地产业价格变动10%，美国固定资产投资价格指数平均变动0.59%，德国平均变动0.72%，分别是俄罗斯的5.9倍和7.2倍。但是，同为发展中国家，中国的固定资产投资价格指数对房地产业价格变动的敏感程度远高于俄罗斯，几乎达到发达国家的水平。

第五节　本章小结

本章从产业和资金流动两个层面分析了房地产价格变动对一般物价水平的影响。在分析过程中区分虚拟经济和实体经济的价格水平，并加入了经济杠杆率对于货币政策房地产价格传递中的作用。

首先第一节采用非竞争型投入产出价格影响模型，基于1995～2011年四个不同经济发展程度和不同经济结构国家的数据测算了房地产业价格变动对各产业价格水平和总体物价水平的影响。结果表明：（1）由于服务类产业在CPI中的比重较大，房地产业价格变动对服务类产业尤其是虚拟经济类产业价格的影响最大，因此CPI对房地产价格波动比其他物价指数敏感。（2）经济发展程度越高物价对房价波动越敏感。这是由于整体来说经济发展程度越高各产业的价格对房地产业价格波动的反应都更为迅速。（3）虚拟经济占比越高的国家，房地产业价格变动对PPI和RPI的影响越小。（4）金融危机发生前后物价对房地产业价格变动的敏感度有所不同，危机后明显低于危机前。

　　房地产业对不同产业的支撑作用不同，会导致不同产业对房地产业价格波动反应出现差别，而房地产业对不同产业支撑作用（关联度）的不同则体现为经济结构和经济发展程度的不同，因此归根到底是经济结构和经济发展程度的不同导致了不同国家不同时期房地产价格波动对物价影响的不同。

　　当前中国房地产价格居于高位，而中国房地产业与金融业的紧密关联使得二者相互影响程度很高，美国次级贷款引起的金融危机是我们的前车之鉴，房地产对金融的支撑作用越大，说明房地产业需要的外部融资越高，房地产业自有资金比例低，一旦出现房价大幅下降，会对金融体系造成较大的冲击，进而影响实体经济和全社会。此外，中国政府与房地产业的高依存关系，使当前的房地产市场风险与地方债务风险交织在一起。因此，我国在经济改革和优化产业结构的过程中应该妥善处理房地产与金融及地方政府的关系，一方面推动金融去杠杆化，疏导资金撤出房地产业，流向实体经济，另一方面降低政府对土地财政的依赖，这样才有可能降低房价波动对我国经济的影响。

第六章

房地产价格、经济杠杆与
物价水平[①]

通过投入产出价格影响模型对房地产业价格与相关产业的物价变动分析可以发现，房地产业与金融业关联密切。上述虽然是理论意义上的价格影响，但为我们提供了思考的方向。房地产业与金融业关联密切，而金融业与房地产业的不同表现在可以通过延长杠杆来增加资金容量，因此有必要考察经济杠杆与房地产价格和物价的关系。

本章将从理论和实证两个角度分析房地产价格、经济杠杆和物价水平的相互影响，进一步探讨房地产价格对物价的作用。

第一节 房地产价格、经济杠杆与
物价水平的理论分析

费雪 1911 年提出货币交易方程式 $MV = PY$，指出货币流通速度 V 和实际产出 Y 相对稳定，货币供给 M 的增加会导致商品和服务价格 P 同比例上升，即货币是中性的。弗里德曼随后指出，产出 Y 并不是稳定的，总产出的上升会缓冲商品价格的上升。也就是说货币供给的增加会推动商品价格上升，但幅度会得到缓冲。随着经济的发展，金融自由

---

① 本章核心观点发表于《国际金融研究》2016 年第 1 期。

化程度不断加深，全球出现流动性泛滥，而各国经济总量上升幅度并不大，在各国商品市场上也没有出现恶性通货膨胀，与之相随的却是股票、房地产等资产价格的大幅度上升以及经济杠杆的延长①。由此宾斯万格（Binswanger，1999）提出了货币"金融窖藏"一说，认为超发的货币进入了金融和房地产等虚拟经济领域，一方面推高了资产价格，另一方面延长了宏观经济杠杆，从而缓冲了实体经济价格水平的上涨，虚拟经济成为经济的资金储备池。随着理论和实践的发展，这种观点不断得到验证。然而随着美国 2007 年金融危机的爆发，资产价格大幅度下降，同时开始了去杠杆化的过程。需要注意的是美国和许多工业化国家在 2007 年之前的十年间经济杠杆急剧上升，经济杠杆上升最快的国家往往也是房价上升最快的国家，一旦房价开始下降，这些国家的居民消费也是下降最多的（Glick R.，Lansing K J.，2010）。那么在扩张阶段资金为什么会流入虚拟经济领域？流入虚拟经济后是否必然引起资产价格波动，对实体经济商品和服务价格水平有什么影响？资金流入虚拟经济和实体经济后是如何在内部进行传递的，经济杠杆又是如何影响上述传递过程的？对上述问题的回答将帮助我们了解资产价格波动和经济杠杆变动对货币政策传导的影响，为货币政策的有效实施提供参考。本章尝试从房地产领域入手解答这些问题。

一、货币政策的资产价格传导

货币政策的资产价格传导是指央行调整货币政策影响资产价格的波动，而资产价格波动进一步影响实体经济的过程。现有文献对货币政策的资产价格传导主要围绕三个主要方面展开：货币政策资产价格传导的有效性、货币政策资产价格传导机制和货币政策资产价格传导的影响

---

①　经济杠杆从测度的范围上可以分为宏观经济杠杆、微观经济杠杆，宏观经济杠杆是指一个国家或地区的经济杠杆，一般用总债务与 GDP 的比表示，或者用总信贷与 GDP 的比。微观经济杠杆率则为经济主体资产负债表上净资产除以总资产的比例，包括金融部门杠杆，非金融部门杠杆（企业和家庭）。宏观经济杠杆率的变化来源于微观经济杠杆率的变化。

因素。

对资产价格传导有效性的研究是伴随经济学界关于货币中性的持久讨论而展开的。如果货币是非中性的，货币政策能否影响资产价格，而资产价格波动又能否影响实体经济。斯文松和维尔纳（Svensson & Werner，1993）将货币的交易功能分为两部分——实际交易与资产交易，并成功解释了 20 世纪 80 年代以来低通胀与高资产价格波动并存的现象。西莫等（Simo – Kengne et al.，2000）采用结构 VAR 方法发现欧洲货币政策对房价存在影响。艾哈恩等（Ahearne et al.，2005）研究了 18 个发达国家的房价，也得出相同的结论。尤其是房价的繁荣通常是由于一段时间宽松的货币政策形成。刘骏民（2004）认为随着金融创新和金融深化的发展，货币已从单纯服务于实体经济，转向同时满足实体经济和虚拟经济的要求。货币过多流向实体经济可能会导致物价上涨，而过多流向虚拟经济又可能推高资产价格。张（Zhang C.，2012）认为当商品价格存在刚性时，货币政策经由房地产市场传递到实体经济。李世美等（2012）认为房价的货币沉淀效应非常明显，从而可以解释"货币失踪之谜"。

学者们围绕货币政策的资产价格传导机制进行了大量的研究。具体而言，货币的资产价格传导机制可以归纳为：财富效应、投资效应、资产负债表渠道、流动性效应、通货膨胀渠道等。财富效应渠道最早由安多和莫蒂利亚尼（Ando&Modigliani，1963）提出。莫蒂利亚尼（1963，1971）提供了货币政策影响资产价格，然后影响消费的分析框架，认为扩张性的货币政策引起资产价格的上升，从而增加了居民财富，进一步促使居民消费水平的提高。凯斯等（2005）、帕耶拉（Paiella，2009）、苏萨（Sousa R. M.，2010）从宏观角度检验了房地产财富效应的存在性及其大小。斯金纳（Skinner，1996），坎贝尔和科科（2007），黄静、屠梅曾（2009）等则从微观家庭层面考察了财富效应。现有的研究表明房地产等资产价格确实能对消费有显著的影响，但是不同国家的影响程度存在差异，个别国家表现出挤出效应。投资效应渠道主要基于托宾的"Q"理论，扩张的货币政策将引起利率的下降，相比债券，股票对资金的吸引力上升，导致股票的价格上升，企业市值提高，最终导致企业投资的增加。货币政策变动同样影响房价波动，通过企业的抵押贷款渠道影响企业投资支出（Chaney T et al.，2008）。对于货币政策资产价格传导的投资效应的大小和方向也存在争议，有部分学者认为扩张性的货币政策导致的资产价格的过度上涨会挤出实体企业的投资（Miao J. & Wang P.，2012）。资产负债表渠道由伯南克和格特勒（Bernanke & Gertler，1995）提出，认为扩张性的货币政策会导致资产价格的上升，对于居民和消费者而言，资产价格的上升代表资产负债表状况的改善。从银行角度而言对其可能存在的道德风险的担忧减少，从而愿意提供更多的贷款。从企业和居民角度而言，资产负债表状况的改善使其认为自己财务状况的提高，从而愿意进行更多的投资和消费。西蒙尼斯和安吉娜（Jiménez G. & Ongena S.，2012）从银行的角度证明，资产价格下降引起银行资产负债表恶化时，企业能够获取的贷款将减少。流动性效应则是由于股票和房地产等相比消费品来说变现率较高，当消费者遇到财务困境需要现金时，资产尤其是股票能够较容易的按照市场价值出售。因此，当货币供给增加引起资本价格上升时，消费者感觉自己的可变现能力增强，从而增加消费。通货膨胀效应由沙米和康西马诺（Chami & Comsimano，1999）提出，从股票市场的角度考虑，扩张性的货币政策会导致经济体通胀水平的上升，股票投资人会根据通胀率的变化调整投资决策，企业为满足股东的要求吸引投资会增加投资支出。西捷亚和格雷博（Setzer R. & Greiber C.，2007）的研究发现相比欧洲，美国的资产通货膨胀渠道非常明显，流动性在推动资产价格上涨方面起到了重要作用。

然而德贝尔（Debelle G.，2004）、卡尔察等（Calza et al.，2006）指出由于抵押贷款市场结构和制度的不同，货币政策的资产价格传导机制存在较大差异。宫健等（2014）发现金融危机前后房价对通货膨胀影响有较大差异。刘晓欣等（2014）也认为不同的国家由于经济结构的不同，房地产对各种物价指数影响的程度不同，经济虚拟化程度越高，房地产业价格变动对消费价格指数的影响越大。部分学者研究了经济杠杆对上述传导机制的影响。斯坦（Stein，1993）认为首付约束或其他关于信贷的制度约束推动了 LTV 和价格之间的关系。林斯等（Collyns et al.，2002）也认为资产价格高的时候，银行更愿意提供资产相关的贷款，这样的周期可能会加剧了国内银行资本流入，并在其中起到中介作用，1990 中期亚洲就是这样的。安纳森等（AK. Anundsenh et al.，2013）对房价与信贷扩张的研究结果显示二者有长期的相互关系。阮（Nguyen Q. H.，2013）发现抵押贷款市场的自由化可以在住房市场引起更大的波动。热兰等（Gelain P. et al.，2013）认为央行对经济杠杆（债务比收入）的约束是抑制经济波动的有效工具。萨瑟兰进和霍勒（Sutherland D. & Hoeller P.，2012）认为较高的债务水平损害了家庭和企业平滑消费和投资的能力，阻碍了政府缓冲不利冲击。

通过梳理已有文献可以发现，资产价格通过多种渠道传递货币政策，其有效性有待进一步检验。大多数研究支持货币供给增加会导致资产价格尤其是房价的上涨，但房价变动对实体经济的影响存在较大差异。在影响货币资产价格传递的诸多因素中，经济杠杆率的影响不容忽视。本章在上述文献的基础上着重分析经济杠杆率在资产价格传递中的作用。本章接下来的安排为：分析资金流动路径以及经济杠杆，分析房价对不同领域价格指数影响的差异，并进一步比较了不同经济杠杆水平下传导路径的不同，提出结论和政策建议。

二、经济中资金流向分析

刘骏民等（2004）将费雪的货币交易方程式由两部门拓展成包含货币当局、实体经济和虚拟经济的三部门模型：

$$MV = P_1Q_1 + P_2Q_2 \qquad (6.1)$$

其中 M 表示货币供应量，V 表示货币流通速度，P_1、Q_1 分别表示实体经济的价格水平和交易量，P_2、Q_2 则分别代表虚拟经济的价格水平和交易量。

根据上述模型，由于货币流通速度 V 相对比较稳定，增加的货币供应量会流入实体经济和虚拟经济,而具体流入两种经济货币量比例的情形则是相当复杂的。为方便分析,我们将模型(6.1)等号右边部分分解。P_1Q_1 表示实体经济的名义值。这其中 P_1 是指实体经济的价格水平,是全社会商品加权得到的一个抽象的而不是具体的价格水平,最常用的综合价格指数分别是 CPI 和 PPI。CPI 主要侧重于描述消费者一篮子商品的价格变动,而 PPI 则侧重于描述生产领域的价格变动情况。Q_1 表示实体经济产品的交易量。P_2Q_2 表示虚拟经济的名义值。P_2 是指虚拟经济产品的一般价格水平,Q_2 则表示虚拟经济的交易量。

如图 6 - 1 所示,在不受行政干预的情况下,货币供应量增加后,由于利润率的不同流入实体经济和虚拟经济的量出现差异。货币流入实体经济领域后的情况适用主流经济学的分析框架,而货币流入虚拟经济领域后会有两个后果,资产价格的上升和经济杠杆的延长。并且,即使货币供应量不发生改变,资金在整个经济系统中也是流动的,在实体经济内部存在成本推动型的通货膨胀和需求拉动型的通货膨胀,在虚拟经济内部则存在资产价格和经济杠杆之间的相互作用。而资金在实体经济和虚拟经济之间的流动也会出现,通过财富效应和抵押贷款缓释效应,

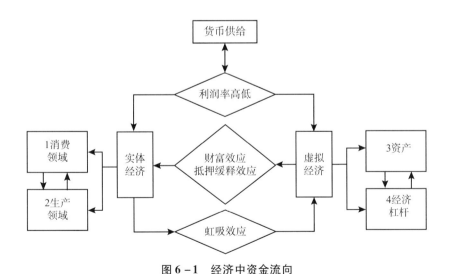

图 6 - 1 经济中资金流向

资金可从虚拟经济流入实体经济，而一旦虚拟经济的资本利润率高于实体经济的利润率，就会形成资金的虹吸现象，将实体经济的资金吸引到虚拟经济中，这一现象又称为资金的虹吸效应。接下来我们以房地产作为资产的代表分析上述资金流动过程以及加入房地产后对价格传导的影响。

三、房地产吸纳资金的特殊性

在市场化经济发展之前和初期，房地产的功能只是为人们提供居住和经营的场所。但随着市场经济的不断发展，尤其是金融水平的不断发展，房地产逐渐成为投资者和金融创新实现利润最大化的工具。那么，为什么是房地产而不是一般商品或者一般的金融资产呢？这是由于房地产特有的虚实二重性。房地产作为一种特殊的商品既能提供遮风避雨和日常经营的场所，又能被消费者和厂商用于抵押来缓解资金约束，同样还会由于价格的上升为投资者带来收益，也就是说房地产既具有使用功能，又具有金融资产的收益功能。房地产在执行其虚拟性作用的同时不会影响其实体性作用的发挥，房地产被抵押后仍被保留在消费者或厂商手中，而房地产在使用过程中的磨损率非常小，使其成为保值增值的重要标的物。此外由于金融的参与，资本化运作房地产成为可能，相比于实体类产业，房地产没有技术壁垒，进出方便。在这种情况下，无论开发商还是消费者均变成了投机者，形成了买涨不买跌的心理，房价上涨时期往往也是房地产交易量上升的时候。而上涨的房价会继续吸引资金流入房地产领域，推高下一轮房价的上升。

四、房地产与经济杠杆

房地产发挥其虚拟性主要依赖其与金融业的紧密关联，资产价格的货币政策传导机制中，无论财富效应、投资效应还是资产负债表渠道均需要通过借贷实现。无论是房地产的抵押贷款还是房地产投机都离不开金融机构的参与，而每一次房地产市场的繁荣都伴随着信贷的扩张。几乎每次围绕房地产的金融创新都会推动房地产市场的繁荣。房地产市场与宏观经济杠杆存在同向的变动关系。以美国金融危机前后为例，美国2007 年之前房价处于持续上涨状态，国内信贷占 GDP 的比从 1975 年的113.4% 上升到 2007 年的 235.7%。伴随着次贷危机的到来，房价下降，国内信贷占 GDP 的比也出现一定程度的下降。而反过来，经济杠杆的延长也推动了房价的上涨。因此，可以认为房价与经济杠杆有正向关系。

五、经济杠杆对房地产财富效应和投资效应的影响

资本是逐利的。上述论述表明房地产能够吸引资金，但能否在一段时间内使资金"滞留"并进一步吸引资金的流入取决于与其他领域相比创造收益的大小。高收益会吸引大量的资金流入，导致房价的暴涨，形成泡沫。而一旦收益降低甚至有亏损出现，资金便会撤出，当价格处于高位时导致房地产的崩盘。

房地产对实体经济的影响恰恰就遵循上述规律。在房价相对较低时，房价的上升对消费和投资分别产生财富效应和投资效应。资金流向消费和投资领域，货币供应的增加使房价和商品价格都上升。但是由于房价上升是有惯性的，一旦消费者对房价上涨形成预期，惯性便形成了，资金会越来越快的流入房地产领域。在极端情况下，如果流入房地产领域的资金过多，泡沫形成便会吸引本应用于消费和投资的资金，从而引起内需不足和投资乏力。不可忽视的是房地产还具有实体性，是整个国民经济产业链中的一环，房价的上涨会推动上下游产业产品价格的上涨。因此，在这种极端情况下，虽然房地产会吸引经济中的资金，不会出现严重的通货膨胀，但是仍然会推动商品价格的上涨。对于企业而言，虽然面对融资约束时利用房地产抵押贷款可以缓解资金压力，促进投资。但是间接融资成本大于直接融资成本。中间经过的环节越多，成本越高。另一方面，房价持续上涨，导致上下游产品和人力资本价格的

上涨。也就是说杠杆越长，企业成本越高。面对极端情况，只有利润水平相对较高的实体企业才能支付融资成本，而中小型企业或利润率较低的企业则会面临困境退出市场，甚至转入房地产开发行业。这时便会出现由于房地产业过度发展而导致的产业空心化。总之，房价的上涨会推动物价水平的上涨，但是经济杠杆水平不同的地区，房价对消费价格和生产价格的影响存在差异。

第二节　房地产价格、经济杠杆与物价水平的实证分析

一、模型构建

根据本书的研究目的和已有的研究成果，参照洛夫（2006）构建面板向量自回归（PVAR）模型，PVAR 模型将传统的 VAR 模型和面板数据结合，既允许所有变量都内生，又允许不同样本间个体异质性的存在。

$$y_{it} = \sum_{j=1}^{m} \beta_{ij} y_{it-j} + f_i + d_{c,t} + e_{it} \qquad (6.2)$$

$y_{it} = [\text{HPI} \quad \text{CPI} \quad \text{PPI} \quad \text{Tcredit} \quad \text{M2I}]'$ 是包含五个元素的列向量，i，t 分别表示地区和时间。HPI 为房价指数，CPI 为消费者价格指数，PPI 为生产者价格指数，Tcredit 为经济杠杆率，用信贷占 GDP 的比值表示，M2I 为广义货币供应量指数。$\sum_{j=1}^{m} \beta_{ij} y_{it-j}$ 为各期 y_{it} 滞后项的加总，m 为滞后阶数，β_{ij} 为各滞后项的系数，表示对 y_{it} 的解释程度。f_i，$d_{c,t}$ 分别表示个体固定效应和时间效应，e_{it} 为随机干扰项，并且满足：

$$E(e_{it} \mid f_i, d_{c,t}, x_{it}, x_{it-1}, x_{it-2} \cdots) = 0 \qquad (6.3)$$

由于模型存在个体效应，而解释变量中又包含了被解释变量的滞后项，所以是一个包含固定效应的动态面板模型。因此，采取组内均值差

分法去除时间效果，前向差分法去除固定效应，随后采取系统 GMM 获得 β 的一致估计量。

二、数据说明与数据描述

由于房价（指数）数据的缺失和模型对平行面板数据的要求，本章选取了 27 个国家或地区进行研究。样本区间为 1993～2013 年，共 21 年的年度数据。HPI 数据主要来源于国际清算银行（IBS）和美联储圣路易分行数据库（FRED），中国房价指数采用国家统计局公布的销售额与销售面积计算后进行的指数化处理。CPI、PPI、Tcredit 数据来源于世界银行世界发展数据库（WDI）。房价指数、CPI、PPI 均统一处理为 2010 年为 100 的定基指数。M2 数据来源于国际货币基金组织（IMF）国际金融数据库（IFS），为消除不同货币单位的影响，以及考虑到货币供应量与其他变量之间数量级的关系，在此将货币供应量也进行了定基指数化处理。

为比较不同杠杆率水平地区的房地产价格在价格传导机制中的差异，根据信贷占 GDP 比的高低将上述 27 个国家分为两个面板，分别是杠杆率高的地区和杠杆率低的地区。为了去除年度差异，设杠杆率虚拟变量 TCR，取每个国家信贷占 GDP 的比的中位数进行比较，若某一个国家的信贷占 GDP 的比的中位数在前 50%，则 TCR 值为 1，否则为 0。斯坦（Stein，1997）在研究美国不同城市杠杆率与房价波动时采用每个城市各年杠杆率的平均值来表示一个城市的经济杠杆率水平。本章采用中值而不是平均值是为防止极端值的影响，因为样本内国家差别较大，同一个国家的杠杆率也出现变动，并不像美国一样相对较平稳。洛夫（Love，2006）在研究不同金融发展水平对企业投资行为的影响时，也是按照金融发展水平的中值进行分组的。需要注意的是这种分组是相对的，只是基于样本内国家对比进行的。分组后两个面板包含的国家及其杠杆率如表 6-1 所示。

表 6 – 1　　　　　　　　　　　　分组样本情况

面板 A：杠杆率较低的国家或地区				面板 B：杠杆率较高的国家或地区			
国家（地区）	代码	频度	信贷占比	国家（地区）	代码	频度	信贷占比
澳大利亚	193	21	113.40	加拿大	156	21	143.58
比利时	124	21	123.65	丹麦	128	21	143.03
保加利亚	918	21	55.15	德国	134	21	132.36
中国	924	21	126.40	中国香港	532	21	152.70
克罗地亚	960	21	63.90	日本	158	21	307.49
芬兰	172	21	76.78	荷兰	138	21	163.58
法国	132	21	112.79	葡萄牙	182	21	139.55
爱尔兰	178	21	139.09	南非	199	21	167.30
意大利	136	21	115.06	西班牙	184	21	153.86
韩国	542	21	109.31	瑞士	146	21	174.44
匈牙利	352	21	126.57	泰国	578	21	141.26
新西兰	196	21	122.36	英国	112	21	157.02
挪威	142	21	117.70	美国	111	21	203.89
瑞典	144	21	118.92				
合计		294	108.65			273	167.70
总样本容量	567						

对两个面板的数据描述如表 6 – 2 所示。面板 B 中 HPI、CPI、PPI 和 M2I 的均值均高于面板 A，这说明分组是有效的。比较而言，两组 CPI 和 PPI 相差不大，但 HPI 和 M2I 相差较大，杠杆率高的组 HPI 均值高出 12 个单位，暗含了 HPI 与杠杆率之间存在某种关联。

表 6 – 2　　　　　　不同杠杆率水平的国家各变量描述

变量	面板 A：杠杆率较低的国家或地区					面板 B：杠杆率较高的国家或地区				
	均值	方差	25%	50%	75%	均值	方差	25%	50%	75%
HPI	70.96	28.27	46.64	68.29	96.8	82.95	29.68	62.55	87.83	100.53
CPI	84.83	16.86	76.53	85.69	97.62	87.90	14.39	78.36	89.72	99.72

变量	面板 A：杠杆率较低的国家或地区					面板 B：杠杆率较高的国家或地区				
	均值	方差	25%	50%	75%	均值	方差	25%	50%	75%
PPI	83.07	19.28	71.84	83.21	97.49	86.87	16.82	77.65	90.83	99.52
Tcredit	108.65	38.91	87.35	106.29	134.16	167.7	56.00	132.0	159.03	195.56
M21	59.15	36.36	30.99	46.61	94.18	63.45	31.39	36.98	59.72	91.23

三、数据检验

宏观经济变量的时间序列大多是非平稳的，在下一步分析之前，需要对各经济变量时间序列进行平稳性检验。检验的结果表明，各指数时间序列都是非平稳序列，但是一阶差分后都是平稳的。采用约翰森协整检验方法对每一组数据进行检验，结果发现，在95%的执行区间下，全样本和子样本的各组数据都至少存在一个长期协整关系。因此可以构建面板 PVAR 模型。接下来需要确定 PVAR 模型的最佳滞后阶数。根据 AIC、HQIC、SBIC 准则对三个模型的滞后阶数进行选择，检验结果如表6-3所示。根据检验结果，三个模型的滞后阶数分别确定为1、2、2。

表6-3　　　　　　　　　　PVAR 模型滞后阶数选择

滞后阶数	全样本			杠杆率高的国家或地区			杠杆率低的国家或地区		
	AIC	BIC	HQIC	AIC	BIC	HQIC	AIC	BIC	HQIC
1	33.61*	35.64*	38.61*	22.70	23.66	23.09	23.89	24.86	24.28
2	33.80	36.07	39.42	21.56*	22.80*	22.06*	23.45*	24.69*	23.95*
3	34.67	37.21	40.96	21.75	23.28	22.37	23.49	25.01	24.10
4	35.78	38.61	42.82	21.91	23.77	22.67	23.92	25.74	24.65
5	37.17	40.32	45.03	22.01	24.23	22.91	27.24	29.41	28.12

对三个 PVAR 模型进行单位根检验结果显示所有的单位根都落在单位圆内，说明模型是稳健的。

四、脉 冲 响 应 分 析

脉冲响应函数描述的是在随机误差项上施加一个单位的冲击后对内生变量当期和未来值的影响。本章对三个模型分别进行了脉冲响应分析，观察给随机误差项一个标准差的冲击各变量的当期值及未来各期值的变动情况。

（一）全样本脉冲响应分析

如图 6 - 2 所示，给予房价一个标准差的正向冲击，会导致房价自身、CPI、PPI 以及经济杠杆的上升；给予货币供给一个标准差的正向冲击，会导致房价和经济杠杆的上升。下面将具体分析图 6 - 2 的内容，以揭示变量间的关系。

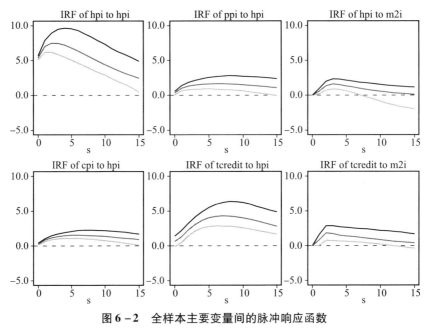

图 6 - 2 全样本主要变量间的脉冲响应函数

注：各图均为蒙特卡洛模拟 1000 次后得到的结果，上下两条线中间为 95% 的置信区间，下同。

（1）货币供给变动的影响。在当期给货币供给一个标准差的新息冲击后，各经济变量表现出不同的反应。房价和经济杠杆面对货币供给的增加出现正的响应，而物价水平却表现出相反的响应。货币供应的增加会对房价和经济杠杆分别有 7 期和 10 期正的影响，这种影响从开始逐渐增大，到第 2～3 期达到最大，后逐渐减小为 0；货币供应的增加对物价水平在此并不显著。也就是说货币供给的增加一方面推动了房价的上涨和经济杠杆的延长，另一方面却抑制了物价的上涨。这或许是由于扩张的货币政策提高了经济主体的预期，从而提高了负债水平并增加了房地产领域的投资，并且有少部分通过缩减实体企业的投资来增加房地产投资。

（2）房价变动的影响。在当期给房价一个标准差正的冲击后，房价对自身的冲击远大于对其他变量的冲击，并且会持续很长时间，说明房地产价格自身存在很强的惯性。经济杠杆会保持至少 15 期的正增长，增长幅度从当期逐渐增长，到第 6 期达到最大，随后慢速减小。这符合理论分析的结论，房地产作为主要的贷款抵押品，在经济杠杆的延长中起到了重要作用。房价上涨，无论从消费者角度还是投资者角度都会推动贷款也就是负债的增加，从而延长了经济杠杆。但是反过来，在当期给经济杠杆一个标准差的正的冲击后，对房价没有显著的影响。这与我们的理论分析不完全一致。或许样本内部国家的不同特征出现了相互抵消。房价对 CPI 和 PPI 的影响会保持至少 14 期正的影响。具体而言，在前 5 期保持逐渐增加的正影响，到第五期影响达到最大，随后逐渐减弱，CPI 的反应到第 15 期几乎与 0 无显著差异，PPI 的反应则到第 14 期消失。这表明，房地产的上涨会长期推动物价的上涨，主要原因在于，首先，房地产作为抵押品其价值的上涨会增加可获得贷款的数量，从而推动消费和投资，进而推动 CPI 和 PPI 的上涨。其次，房地产作为经济产业链上重要的一环，其价格的上涨会导致下游产业成本的上涨，从而推动物价水平的上涨。

（二）子样本脉冲响应对比分析

（1）房价对自身和货币冲击的反应。图 6－3（a）为房价对自身冲击和货币供给冲击的脉冲响应函数图。首先房价具有惯性，无论是杠杆率高的地区还是杠杆率低的地区，给房价一个单位的冲击，在此后的 14 期内对自身都会有正的影响。其次货币供应量的增加同样会对房价有正向的影响，影响大约持续到第 5 期。说明增加货币供给，会引起房价的上涨，而房价上涨会自我循环。（b）中显示，当给房价指数一个单位的冲击时，杠杆率会有显著的正向反应，只是在杠杆率高的地区显著为正并且相比程度较高，而杠杆率低的地区，在前 4 期均不显著，第 5 期后开始有显著的正的反应，但是相比较低。而给予经济杠杆一个单位的冲击时，不同地区的房价的反应函数出现差异，杠杆率较低的地区房价指数没有显著变化，而杠杆率较高的地区面对正向的杠杆率的冲击表现出显著的下降。

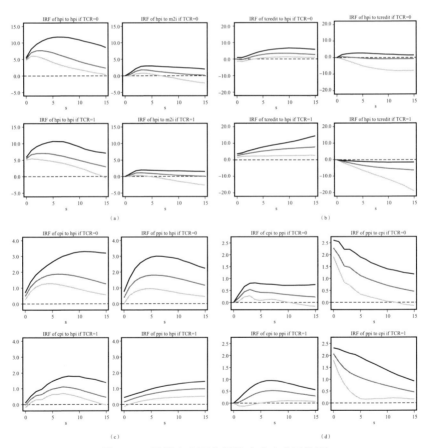

图 6 - 3　子样本主要变量间脉冲响应函数图

（2）物价水平对房价冲击的反应。（c）为给予房价一个单位的冲击后，CPI 和 PPI 的脉冲响应函数图。房价水平对整体物价水平的影响显著为正并且持续时间较长；两两左右对比发现，房价变动对 CPI 的影响在不同杠杆率水平的地区差异不大，但是高杠杆率国家或地区房价对 PPI 的影响大于杠杆率水平低的地区；上下两两对比发现高杠杆率国家或地区的物价水平对房价冲击的反应程度显著大于低杠杆率地区。这是由于经济杠杆率高的国家和地区资金流入虚拟经济后会在虚拟经济内部寻求较高的收益，蔓延到经济杠杆的各个环节，而较少的流入实体经济。经济杠杆率较低的国家，由于虚拟经济发展相对较弱，资金会较多的流向实体经济。由 CPI 和 PPI 的脉冲响应函数图（d）可以发现，无论经济杠杆高低，CPI 对 PPI 的影响都是显著的，但是只有在经济杠杆率低的地区，PPI 才对 CPI 有显著但是较小的影响。

五、稳健性检验

面板向量自回归模型的结果可能会受向量中变量的顺序影响，从而影响分析结果，本章对上述三个模型中的每两个变量分别进行了脉冲响应分析，发现得出的结果和上述主要结论没有较大差别，因此可以认为上述模型是稳健的，分析结果具有很强的解释力。

第三节 本章小结

本章在上一章的基础上继续研究房地产与物价稳定的关系，并考虑了经济杠杆对房地产价格与物价稳定关系的影响，考察了房地产能够吸引资金的原因、房价对消费领域和生产领域的影响以及房价和经济杠杆率的相互作用。通过构建面板向量自回归模型，运用脉冲响应函数和方差分解法分析货币供给、房价、消费价格指数、生产价格指数和经济杠杆率的相互影响，并进行稳健性分析。初步结果发现，货币供给对房价和经济杠杆有明显的正向冲击作用，但是对物价水平作用不显著。房价自身具有惯性，对经济杠杆、消费价格水平和生产价格水平有正向的冲击，并且房价对自身和对经济杠杆的冲击大于对实体经济价格水平的冲击。进一步，将全样本根据经济杠杆率的高低分组，并对比分析。首先无论经济杠杆率高低，房价对自身、经济杠杆率和实体经济价格水平的冲击均为正，货币供给增加会引起房价上升和经济杠杆的延长；其次，相比经济杠杆率低的国家或地区，经济杠杆率高的国家或地区房价对物价水平的影响程度反而要小，对经济杠杆的影响要大很多；最后，在实体经济领域，价格机制由消费领域传导到生产领域，经济杠杆率低的国家表现出生产领域到消费领域的反馈，但是在经济杠杆率高的国家这种反馈不显著。

上述分析说明经济杠杆的存在影响了资产价格的货币政策传导，在货币扩张阶段助长了资产价格的上升，并且抑制资产价格对实体经济价格水平的影响程度。经济杠杆率高的国家虚拟经济内部自我循环增强，提高了经济体系统性风险，从而导致了经济的脆弱性。IMF 认为次贷危机发生于美国既因为美国宽松的货币政策也因为美国有宽松的监管政策。宽松的货币政策推动了房价的上涨，宽松的监管政策延长了经济杠杆，而房价和经济杠杆之间存在的互动机制加剧了这一过程，进而酝酿了次贷危机。

关于经济杠杆的统计由于对总体负债水平口径不一具体数据不确定。按照世界银行计算国内信贷总额占 GDP 的比，中国宏观经济杠杆率在 2013 年达到 140%，世界范围内排第十五位，是 1978 年的 2.76 倍，2000 年的 1.25 倍。而据渣打银行估算，截至 2014 年 6 月末，中国金融信贷总额占 GDP 的比重已达到 251%。向松祚同时期估算认为是 220%。无论统计口径如何，我国在过去的几十年间宏观经济杠杆率确实大幅度上升，并且相比其他国家已经到比较高的水平。根据本书的分析，在实施扩张性货币政策后，增加的货币会根据利润率的高低，不对称的流入资本市场和实体经济，在资产价格上涨、实体经济资本回报率低的情况下，资本会首先流向虚拟经济，一方面导致资产价格的上涨，另一方面导致经济杠杆的延长。

根据第五章和第六章的分析结论，首先房地产价格上涨会引起虚拟经济类行业产品的价格的上涨，而对实体经济类产业影响较小，其次房地产价格与宏观经济杠杆存在相互促进的机制。在十几年的房地产价格持续上升期间，我国房地产业与金融业关联愈加密切，经济杠杆不断延长，这主要表现在企业和地方政府债务的增加。房地产价格上涨，意味着能够撬动的资金量的大幅度上升。但是随着房地产市场的降温，债务问题逐渐显现，首先是温州等房地产价格下降导致企业资金链断裂，不断有民营企业主"跑路"，其次是房地产下降导致土地出让金收入的减少，地方政府债务问题严峻。

我国房地产经历了十几年的快速上涨，当前房价处于高位。虽然在对比分组中，为低经济杠杆率国家，但最近几年我国宏观经济杠杆率不断攀升。我国货币政策的主要目标是保持物价稳定并以此促进经济增长，而高企的房价和攀升的经济杠杆率阻碍了货币政策目标的实现。2015～2016 年再次宽松的房地产政策进一步导致了信贷规模的扩大和经济杠杆率的上升。2016 年下半年来的"冻楼"等紧缩政策上还没完全抑制这种趋势。世界银行数据显示中国国内净信贷占 GDP 的比例从2014 年的169%上升到 2017 年的 215%。[①]

结合分析结论，本书提出如下政策建议：

第一，预防房地产等资产价格的过度波动。资产价格作为货币政策传导的有效工具，其价格的过度波动会影响到实体经济的物价水平，进而影响经济稳定。这需要首先给予市场稳定的货币政策预期，其次预防政策对房地产市场的过度刺激，形成推波助澜或者釜底抽薪等剧烈的影响。

第二，建立经济杠杆的逆周期监管机制。资产价格和经济杠杆之间存在的正向互动作用，说明经济杠杆是顺周期的，因此为防止系统性风

---

① 本部分多次提到显示数据中的宏观经济杠杆率，各机构公布的数据出现差异的原因为统计口径不一致，不完全具有可比性，但是同一机构在统计口径不变的情况下是可以纵向比较的。

险的爆发，针对经济波动，尤其是资产价格的波动状况，应该建立逆周期的杠杆率监管。

第三，将非正规的金融和地方融资平台纳入监管范围。我国的债务问题主要牵扯到地方债务和企业债务。而影子银行等表外业务是当前监管的薄弱环节。庞大的表外业务和地方融资平台产生于我国特殊时期，但是随着经济增速的放缓，收益率的降低不足以支撑其继续运转，已经成为经济金融稳定的潜在威胁。因此，需要建立有效机制，规范和监管非正规金融和地方融资平台。

第七章

房地产与金融稳定

从产业关联的角度来看，房地产业与金融业关联是最密切的，房地产业的发展离不开金融业的支持，那么便意味着房价的波动会对金融系统的不稳定造成一定的威胁；从货币供给的价格传递渠道而言，现代市场经济条件下货币供给增加不仅仅引起物价水平的上涨，房地产和金融领域会吸引大量的资金，引起房地产价格的上涨和宏观经济杠杆的上升。并且房价和宏观经济杠杆之间存在互相促进的效应，从而在虚拟经济内部形成自我循环，而一旦房价出现波动，将会对金融稳定造成威胁；从整个宏观经济而言，房地产对消费和投资的影响最重要的渠道便是抵押贷款渠道，会出现金融加速器效应。而房价波动在影响宏观经济稳定的同时，也会对金融这个重要的中介产生影响。

本章以国际数据为基础，实证检验房价波动与金融稳定的关系。第一节检验房价与信贷之间的相互关系，为后面的分析提供基础；第二节以银行坏账率为银行不稳定的指标，并以银行稳定为例，分析房价波动对金融稳定的影响，从而进一步分析房价对金融稳定的门槛效应。

第一节　房价与信贷扩张

房地产作为抵押贷款的主要标的物，房价的上升导致可获贷款的数量的增加，现有研究关注于房地产与信贷的相互作用方式以及二者的因果关系。

柯林斯（Collyns & Senhadji，2002）认为从借贷者的角度，资产价格对财富和借贷能力有很大的影响，诱导他们改变借款计划和信贷需求。反过来低流动性和资产价格波动可能导致借款者面对资产价格上升时比较谨慎。基于这种机制，资产的价格变化将会对银行资产和银行的资本价值有较大影响，可能会加剧国内银行资本流入。20世纪90年代中期亚洲便处于这种情况。将银行信贷内生化，关注与房地产相关的变量。根据分析变量之间的影响和影响的方向，确定最终影响因素，进而实证检验。安纳森和詹森（Anundsenh & Jansen，2013）对房价与信贷扩张的研究结果显示二者有长期的相互关系，高房价导致信贷扩张，信贷扩张反过来给房价一个向上的压力。利率直接通过信贷渠道影响房价。此外，家庭对收入增长的预期在挪威也对房价的增长有显著影响。阮（2013）发现房地产投资的波动程度是产出波动的五倍；在抵押贷款市场更加自由化的地方房地产投资的波动性更加强烈。他们建立了一个DSGE模型，家庭面临信贷约束，住房被用做抵押品。这种住房抵押约束构建了房地产市场和解困能力的联系，这种联系放大了住房需求面对冲击的反应，并且在抵押贷款市场自由化时变得更强。该模型模拟了英国市场上90%的房地产投资波动。谭政勋、魏琳（2010）认为房价和信贷扩张之间存在反馈机制，金融稳定性减弱，直至银行破产或发生金融危机。而银行反馈机制放大了上述反应。谭政勋（2012）认为非金融部门利润率的下降是导致信用扩张的内生性原因，信用游离于实体经济之外并单纯在金融系统内循环是房价上涨和波动的主要推动力。叶欣、王婕（2013）发现我国经济增长态势和货币政策的转变增加了房地产市场逆转的可能性和未来银行部门的脆弱性。我国房价上升会引起银行贷款的扩张，但不会导致货款明显且持续的循环，因此在经济扩张期房货风险仍然相对可控；同时，由于我国货款对利率的传导效率较高，加之利率对房价具有滞后抑制效果，因此在经济收缩期从紧的货币政策易引发市场过度调整，进而增加银行风险。

对于二者的因果关系，霍夫曼（Hofmann B.，2003）基于20个国家的时间序列及其面板资料研究了银行借贷和资产价格之间的关系，长期资产价格是银行借贷的原因，这个发现说明，是资产价格循环引起了未来经济的繁荣，导致了信贷周期，而不是过多的银行借款导致了资产价格泡沫。短期二者有相互作用，这说明在繁荣—衰退循环中，信贷和资产价格有相互加强的作用。奥卡里嫩（Oikarinen E.，2009）检验了芬兰房价和信贷之间的关系，应用 SVECM 模型。金融自由化后在芬兰房价和家庭贷款存量之间有双向的关系，尤其是对消费贷款。理解这种双向关系是重要的，因为这种相互依赖非常有可能增大经济的繁荣—衰退循环，增加金融的脆弱性。王晓明（2010）指出银行信贷过度介入股市和房市是资产价格大幅上涨和下跌的主要动因。

但是并不是所有的研究都认为信贷对房地产价格有很大的影响，例如赵胜民等（2011）研究表明，无论是在同期还是中长期，金融信贷对我国房地产价格影响有限，对股票价格影响相对较大，房地产、股票价格变动更多来自于房地产、股票价格的自身冲击。抑制我国房地产、股票价格泡沫和过度波动，金融信贷政策的作用可能有限，打破房价单边升值预期、健全股指期货市场和融资融券制度、限制投机行为非常重要。

下面将以国际 53 个国家的面板数据为基础，构建房价和信贷相互影响的动态模型，并采用系统 GMM 方法进行估计。

一、模 型 构 建

信贷和房价同时受收入水平、宏观经济杠杆率的影响，作为控制变量引进模型。考虑到房价和信贷均存在自我加强作用，也就是说当期值受前一期数值的影响，模型中引入被解释变量滞后一期值作为解释变量，这样做同时也会避免遗漏重要的解释变量造成的估计结果偏差。借鉴谭政勋（2012），本书构建了房价和信贷相互影响的动态模型：

$$\ln hpi_{it} = \alpha_0 v_{i1} + \alpha_1 \ln hpi_{i,t-1} + \alpha_2 \ln tcd_{it} + \alpha_3 \ln gdp_{it} + \alpha_4 \ln tcredit + \varepsilon_{1t}$$

$$\text{ln}tcd_{it} = \beta_0 v_{i2} + \beta_1 \text{ln}tcd_{i,t-1} + \beta_2 \text{ln}hpi_{it} + \beta_3 \text{ln}gdp_{it} + \beta_4 \text{ln}tcredit + \varepsilon_{2t}$$

$$(7.1)$$

其中 $\text{ln}hpi_{it}$ 为第 i 个国家第 t 年房价的对数值；$\text{ln}tcd_{it}$ 为第 i 个国家第 t 年信贷总量的对数值；$\text{ln}hpi_{i,t-1}$ 和 $\text{ln}tcd_{i,t-1}$ 第 i 个国家上一年的房价和信贷总量；控制变量 $\text{ln}gdp_{it}$、$\text{ln}tcredit_{it}$ 分别为人均国内生产总值对数值、宏观经济杠杆率；v_{i1}、v_{i2} 为固定效应，包含各个国家的制度、自然条件等差异形成的固定效应，ε_{it} 为随机误差项。

二、样本选取与数据处理

使用面板数据的优点是扩展了样本容量，并且适合研究动态问题。为了尽量少的损失样本信息，本节数据采用非平衡面板数据，仅删除掉含有内部不连续数据的样本。总样本包含 53 各国家，其中既有发达国家也包含发展中国家。最长时间跨度为 1975～2013 年。

每个国家的房地产价格单位不同，一方面由于国家经济条件、税收负担、制度设计等方面的不同，即使采用汇率换算将房地产价格换算成统一的单位也不完全具有可比性。另一方面，各国房地产实际价格的数据难以搜集。本节计算的主要是弹性系数，因此本节采用房屋销售价格指数表示各个国家房地产价格的变动趋势，并且统一调整为以 2010 年为基期的价格指数。房屋销售价格指数数据主要来源于国际清算银行和美国联邦储备局圣路易支行数据库，中国房屋销售价格指数来源于中国国家统计局网站。

信贷总量指标是指银行提供的国内信贷总额，为避免单位不同对结果的影响，此处统一采用根据当年汇率换算为美元的数据。数据来源主要为国际货币基金组织的国际金融统计数据库，个别国家 2010～2013 年数据缺失，使用万得金融数据库进行补充。

控制变量人均 GDP 数据采用美元计价的 GDP 数据，宏观经济杠杆率则是指银行提供的信贷总量占 GDP 的比。人均 GDP 和银行提供的信贷总量占 GDP 的比数据来源于世界银行世界发展指标数据库。在此，由于银行提供的信贷总量占 GDP 的比指标信贷数据来源为国际货币组织的国际金融统计数据库，因此在模型中存在 $tcredit_{it} = tcd_{it}/gdp_{it}$ 的数量关系。

为消除物价变动的影响，对上述数据进行了处理，房屋销售价格指数用消费者价格指数进行平减，信贷总量和人均 GDP 用 GDP 平减指数平减调整为 2010 年价格水平。宏观经济杠杆率无须进行处理。

三、系统 GMM 估计结果分析

由于模型中解释变量包含被解释变量的滞后项与随机误差项相关，使得模型存在严重的内生性。并且在影响各国房价和信贷各种因素中，存在观察不到的个体效应与解释变量相关。为提高估计结果的准确性，并处理上述问题，本书采用系统广义矩估计法（GMM）对上述动态面板进行估计。

本节建立的模型属于存在外生变量的线性动态面板数据模型（白仲林，2008），假设所有的控制变量相对于房价和信贷而言都是严格外生的，解释房价变动时信贷是外生的，解释信贷时房价则是外生的。

动态面板数据模型的估计需要选取合适的工具变量消除内生性问题，主要有一阶差分 IV 估计，一阶差分 GMM，系统 GMM 方法。一阶差分 IV 估计的基本思想为采用一阶差分去除个体效应，然后采用被解释变量的三阶或者三阶以上的滞后项作为差分项的工具变量。一阶差分 GMM 在此基础上则增加了更多可用的工具变量，对于内生变量而言滞后两阶以上的水平变量均可作为差分方程的工具变量。但是这两种方法的缺陷是水平滞后项往往是差分方程中内生变量的弱工具变量，系统 GMM 方法则在差分 GMM 的基础上进一步采用差分变量的滞后项作为水平值的工具变量，且在估计过程中同时使用水平方程和差分方程。因此本部分选用系统 GMM 方法估计房价和信贷的相互影响动态模型。

回归结果显示，两个方程的联合显著性瓦尔德（Wald）的 P 值均为零，在 1% 的显著性水平上显著，这说明模型整体显著，各解释变量能在一定程度上解释被解释变量；萨甘检验的 P 值均为 1，以绝对概率通过 GMM 估计中的工具变量不存在过度识别问题；序列相关检验结果表明，两个方程的 AR（1）的 P 值均小于 10%，分别为 0.0994 和 0.0014，而 AR（2）的 P 值均大于 10%，分别为 0.1445 和 0.2611，因此可以认为差分后的残差只存在一阶序列相关而不存在二阶序列相关，说明序列之间不存在相关性。

具体到各解释变量来看，大部分变量的系数高度显著，除宏观经济杠杆率对房价的弹性系数外，其他变量的系数显著性水平都高于 1%。下面具体分析房价和信贷的相互影响：

（1）房价和信贷均存在自我增强作用，并相互之间有显著的正向影响。其他条件不变的情况下，房价滞后一期上涨 1%，当期上涨 0.367%；信贷的自我增强作用更强，上一期信贷总量增加 1%，当期增长达到 0.886%。相互影响方面，其他条件不变的情况下，信贷增长 1%，房价上涨 0.0569%；房价上涨 1%，信贷增长 0.125%。就相互作用的方向而言，估计结果与大多数已有研究相同，谭政勋（2012）、阮（2013）、安纳森和詹森（2013）均发现房价和信贷之间存在正向的相互促进作用，而霍夫曼（2003）通过研究 20 个国家银行信贷和资产价格之间的关系，发现房价对信贷有显著的正向作用，而反过来信贷却不能构成房价上涨的原因。由于考察的样本和时间与本节不同，这种差异是可能存在的。本节的估计结果与理论分析结论相同，房价和信贷均存在自我加强作用，并且二者相互影响，这样在给予一定的预期后，才能在虚拟经济内部形成自我循环。

表 7 – 1　　　　房价与信贷相互影响系统 GMM 估计结果

解释变量	被解释变量			
	lnrhpi	Z	lnted	Z
L. lnrhpi	0.367 ***	51.15		
lnted	0.0569 ***	5.00		

续表

解释变量	被解释变量			
	lnrhpi	Z	lntcd	Z
lnrhpi			0. 125 ***	12. 22
L. lntcd			0. 886 ***	78. 85
lnrgdp	0. 130 ***	8. 37	0. 0713 ***	5. 18
lntcredit	0. 0557 *	1. 81	0. 180 ***	4. 78
_cons	− 0. 352 ***	− 2. 88	1. 011 ***	12. 70
N	1159. 00		1187. 00	
ar2	0. 0994		0. 0014	
ar2p	0. 1445		0. 2611	
sargan	48. 23		51. 25	
sarganp	1		1	
Wald chi2 （4）	22420. 62		155160. 17	
Prob > chi2	0. 00		0. 00	

注：*** 、** 、* 分别表示在 1% 、5% 、10% 显著性水平上变量的显著性。

（2）房价对信贷的影响程度大于信贷对房价的影响程度。其他条件不变的情况下，房价对信贷的弹性为 0. 0569% ，而信贷对房价的弹性为 0. 125% ，是前者的两倍有余。也就是说房价上涨更容易引起信贷的增长，推动虚拟经济内部自我循环的形成。反过来也说明房价下跌也更加容易引起信贷总量的下跌，导致金融领域出现风险。

（3）收入水平和宏观经济杠杆率对房价和信贷的影响不尽相同。收入水平对房价的影响程度大于对信贷的影响程度，而宏观经济杠杆恰好相反。该结果与现实是符合的，房地产虽然具有虚实二重性，但是其虚拟性是建立在实体性的基础上的，因此房地产价格受收入水平变动的影响较大，宏观经济杠杆也有显著的影响，但是相比收入水平其变动幅度小，带来的影响也较小。对于信贷而言则不一定，因为信贷是否扩张虽然取决于一个国家或地区的经济增长，但是更重要的是取决于宏观经济政策，宏观经济杠杆率则是各国宏观政策宽松与否很重要的一个指标。

第二节　房价波动与金融稳定——以银行稳定为例

在检验了房价和信贷扩张的关系后发现房价和信贷存在正向的相互作用机制。房地产的大起大落往往伴随着金融危机的发生。金融市场的信息不对称和金融摩擦往往通过担保和抵押来解决，房地产作为最佳的抵押品成为规避个别风险的工具，因此房地产金融往往与金融市场的系统性风险联系在一起。李宏、曹宁（2009）研究发现美国和中国的银行业所面临的房地产风险已经由非系统性风险转变为系统性风险，其风险敞口在加大。莱因哈特和罗格夫（Reinhart & Rogoff，2009）指出 20世纪 70 年代中期以来的六次银行大危机都伴随着房地产市场的倒塌，这同样表现在新兴市场危机中，如 1997～1998 年的亚洲金融危机。

杰拉尔迪等（Gerardi et al.，2009）认为房屋价格相对其他因素来讲对贷款的违约率起到决定作用，存在非线性效应，并利用美国普通贷款和次级贷款违约率的数据对以上结论给出了实证支持。巴洁瑞等（Bajari et al.，2008）、安罗明和鲍尔森（Amromin & Paulson，2009）的实证结果也证明了贷款违约率与房价之间的关系。陈志英、韩振国、邓欣（2013）指出我国房价上涨很大程度上是信用扩张的结果。信贷和房价波动以及二者的共生性是影响银行不稳定的重要原因，适当的房价增长将提升银行系统的稳定程度，但长期来看，银行稳定性程度下降，房价也会下跌（殷波，2010）。研究资产泡沫与金融危机的关联机制。讨论了资产泡沫和货币政策从两个重要的方面对金融稳定的影响，第一个是当银行与借款者存在代理问题时，资产价格可能上升到比基本价值高的正泡沫。代理问题意味着投资者选择更有风险的项目而不是安全项目，导致资产价格抬高。风险越大，泡沫越大。不仅仅是风险与资产回报相互联系导致泡沫，金融风险与货币政策的不确定性，尤其是金融自由化导致银行业信贷的过度扩张也会导致资产泡沫现象。当资产价格下降时第二个问题出现了。当这种下降导致众多银行同时清算长期资产，那么资产价格可能下降到基本价值以下的负泡沫。这种资产负泡沫破裂会造成金融危机。因此，现代中央银行的一项重要任务就是防止两种类型的资产泡沫发生。阮加、刘延平（2009）在分析美国次贷危机成因的基础上认为，中国房价上涨和信贷扩张掩盖了风险，随着房价的下跌，风险将会暴露，因此提出要在货币政策和金融制度两方面防范房地产金融风险。项卫星等（2007）指出银行信贷在房地产业的过度扩张不仅是造成房地产泡沫的重要原因，而且在泡沫崩溃和经济、金融危机中也起了同样重要作用。谭政勋、陈铭（2012）采用 PMG 估计法（pooled mean-group estimators），来分析房价波动的影响因素、分离房价对均衡价值的偏差，并以此来度量房价失衡；然后利用面板 logtit 模型分析房价失衡与房价变化对金融危机的影响，以期检验价值抵押效应和偏离效应。实证结果支持房价偏离假说。

　　具体到房地产影响金融稳定的方式，当前的研究主要分两种情况，在经济的平稳时期，房地产价格的上升会提高抵押品的价值，金融机构的优质资产增加，此时有利于金融的稳定。但是当房地产价格上升过快，房地产价值偏离经济基本面太多的时候，房地产领域的风险就会转移到金融领域，对金融的稳定性造成威胁。极端情况下则会引发金融危机甚至经济危机，如美国 2007 年由次贷危机引起的经济危机。对此，科特尔和波霍启恩（Koetter M. & Poghosyan T.，2010）分析了德国各个地区房价上涨和房价偏离与金融稳定的关系，结果发现房价上涨和房价偏离均增加了金融危机发生的概率，但房价偏离的作用力要大得多。谭政勋、陈铭（2012）用同样的方法对世界各国的房价上涨和偏离与金融稳定的关系进行了检验，得出了相同的结论。潘和王（Pan & Wang，2013）采用美国城市层面的数据，也得出了同样的结论，并且进一步他们发现房价上涨和房价偏离对金融不稳定存在门槛效应，尤其是房价上涨与银行不稳定之间存在两个门槛值。随着经济增长速度的变化，房价与金融稳定之间的关系是不确定的，这样进一步推进了房地产对金融稳定的研究。基于此，本节进一步以银行稳定为例探讨房价与金融稳定的关系。

一、房价波动与银行稳定

在经济平稳时期，房地产价格的上升会提高抵押品的价值，金融机构的优质资产增加，此时有利于金融的稳定。但是当房地产价格上升过快，房地产价值偏离经济基本面太多的时候，房地产领域的风险就会转移到金融领域，对金融的稳定性造成威胁。极端情况下则会引发金融危机甚至经济危机，如美国2007年由次贷危机引起的全球金融危机。

由理论分析可知，房价波动对金融系统的稳定性有正反两方面的影响，当房价较低时，没有形成泡沫之前，房价的上涨提高抵押品的价值和质量，优化银行的资产负债表，有利于金融系统的稳定；随着房价的不断上涨，泡沫逐渐形成，泡沫形成并不断扩大时，抵押品的价值不断上升，但是质量出现差异，部分次级贷款形成，此时风险开始在银行系统内部集聚，房地产泡沫掩盖了风险；但是当房地产泡沫到一定程度，金融系统的脆弱性也随着增加，任何经济内部或外部的冲击都会导致公众预期的改变，导致房地产泡沫的破灭，从而造成金融系统的不稳定，严重时造成金融危机。巴洁瑞等（2008）、杰拉尔迪等（2008，2009）研究发现只有房地产领域出现泡沫时房地产价格的持续上升会在金融领域集聚风险，从而在泡沫破灭时导致金融危机。相反，当房地产领域不存在泡沫，尤其是房地产价格处于较低水平时房地产价格的上涨会提高抵押资产的价格，反而有利于金融系统稳定。阮加、刘延平（2009）和陈志英等（2013）均发现了上述规律。据此猜测房价对金融稳定的影响可能是非线性的。

在测度银行不稳定程度时，科特尔、波霍启恩（2010），谭政勋、陈铭（2012）采用了发生金融危机的概率，如果发生了概率为1，没有发生则为0。但是在发生和没发生之间没有过渡，是不连续的，他们采用Probit模型，对房价偏离与金融不稳定性进行估计。而潘和王

（2013）则以不良贷款率来测度银行系统的不稳定程度，并进一步分析了经济增长对房价偏离影响银行不稳定的门槛效应。

本节借鉴利用面板误差修正模型估算房价对经济基本面的偏离，并在此基础上以不良贷款率为银行系统不稳定程度的指标，对国际房价偏离对银行系统不稳定的影响进行实证分析，在检验房价波动对银行稳定影响的同时，进一步以房价偏离度和房价变动作为被影响变量，对可能存在的非线性关系进行了探讨。

二、模型设计

（一）房价对经济基本面的偏离

已有文献中关于影响实际房价的经济基本面因素主要包括人均收入水平、人口增长速度、土地价格、房屋租金等。其中最经常被用到的则是收入和人口增长率。在一个国家内部不同地区间整体经济发展水平接近、各种经济制度设计相似，人口净增长率往往是影响房价的长期决定因素。但是从世界范围来看，同一时间点上不同国家处于的经济发展阶段不同，人口增长对房价的影响也会不同。由于本书目的是剔除掉经济基本面对房价的影响，利用剩余的部分进行下一步的计量。为减少信息的损失，本节仅用收入水平来作为房价的影响因素。

$$LNHPI_{it} = \gamma_0 + \gamma_{1i}LNINC_{it} + \mu_i + \varepsilon_{it} \qquad (7.2)$$

其中下标 i、t 分别指国家和时间；$LNHPI$ 是指实际房价指数的对数；$LNINC$ 是指实际人均 GDP 的对数；μ_i 为国家层面的固定效应；如果各变量都是一阶单整并且是协整的，那么误差项 ε_{it} 将是平稳的，其经济涵义为房价对经济基本面决定的长期价值的偏离。宏观经济序列大多数是不平稳的，式（7.2）不能直接进行估计，我们的目的是首先估计出房价与收入的长期均衡关系。

式（7.2）的一阶自回归分布滞后模型为：

$$LNHPI_{it} = \delta_{10i}LNINC_{it} + \delta_{11i}LNINC_{it-1} + \theta_i LNHPI_{it} + \mu_i + \varepsilon_{it} \quad (7.3)$$

由于本书的时间维度较短，将各变量做最初一阶滞后处理，响应的误差修正模型为：

$$\Delta LNHPI_{it} = \phi_i \left(LNHPI_{it-1} - \xi_{0i} - \xi_{1i} LNINC_{it} \right) + \delta_{1i} \Delta LNINC_{it} + \varepsilon_{it}$$

$$(7.4)$$

（7.3）式与（7.4）式的系数关系为：$\phi_i = -(1 - \theta_i)$，$\xi_{0i} = \dfrac{\mu_i}{1 - \theta_i}$，$\xi_{1i} = \dfrac{\delta_{10i} + \delta_{11i}}{1 - \theta_i}$。

式（7.4）中 ϕ_i 为误差调整系数。如果 ϕ_i 为 0，则说明变量之间不存在长期均衡关系；而如果 ϕ_i 为负，则说明存在长期均衡关系，短期偏离反向调整并回复均衡，ϕ_i 数值的大小决定了向长期均衡调整的速度。

如果 $LNHPI$ 和 $ININC$ 都是一阶单整的，那么可以直接对面板误差修正模型（7.4）进行估计，得到二者的长期均衡关系。$HPD_{it-1} = LNHP_{it-1} - \widehat{\xi_{0i}} - \widehat{\xi_{1i}} LNINC_{it-1}$ 则为房价对经济基本面的偏离。我们的目的是估算出此偏离值并用于下一步与银行不稳定性的检验。

对（7.4）的估计主要有三种方法：面板固定效应估计法（Fixed Effects Estimator，FE）、组内均值估计法（Mean Group Estimator，MG）和混合组内均值估计法（Pooledmean Group Estimator，PMG）。三者的区别在于：MG 估计法假设截面的完全异质性，即各个截面的长期和短期系数均不相同。FE 则假设各个截面具有相同的短期和长期系数，但有不同的截距项。PMG 假设各个截面的长期系数相同，但是误差修正速度和短期动态系数具有截面异质性。三种估计方法假设不同适用的情形不同，方法的取舍取决于数据的特点、经济含义和豪斯曼检验的结果。

HPD 的大小表示的是房价对经济基本面的偏离，但是由于是采用房屋销售价格指数和人均收入进行计算，单位并不统一，并且是将变量对数化后进行的估计，无法用经济中确切的量来表示。各国房价和收入存在较大差异，绝对的偏离之间的比较没有较大的意义。因此需要进一步计算房价偏离度，具体公式如下：

$$HPDI = \frac{HPD}{\widehat{\xi_{0i}} + \widehat{\xi_{1i}}LNINC_{it}} \times 100\% \qquad (7.5)$$

在此，房价偏离度的经济含义为房价偏离均衡价值的百分比。

（二）房价波动与银行稳定

房价与信贷之间存在正向相互作用，房价的上涨阶段伴随着信贷的扩张，而房价的突然下降往往会导致不良贷款率的上升，影响银行系统的稳定（Shleifer & Vishny，2010；Stein，2012）。因此，利用面板误差修正模型估计出房价对经济基本面的偏离，计算房价偏离度，分析房价偏离度对银行不稳定的影响，建立基本模型为：

$$LNNPL_{it} = \eta_0 + \eta_1 HPDI_{it} + \eta_2 LNHPI_{it} + \eta_3 X_{it} + \xi_{it} \qquad (7.6)$$

其中，i、t 分别指国家和时间；$LNNPL_{it}$ 为第 i 个国家在 t 年银行不良贷款占总贷款比的对数值；$HPDI_{it}$ 第 i 个国家在 t 年为房价对基本价值的偏离度；$LNHPI_{it}$ 为第 i 个国家在 t 年房屋销售价格指数的对数值；X_{it} 为第 i 个国家在 t 年影响银行不稳定的宏观经济因素，主要包括利率和通货膨胀率；η_0、η_1、η_2、η_3 分别为对应变量的系数值，ξ_{it} 为随机误差项。

同时加入房价指数和房价偏离度是为了测度房价波动对不良贷款率的两种不同方向的影响。房价上涨会带来抵押品价值的上升，不良贷款率下降，但是当房价偏离基本价值程度增加，房地产存在泡沫，房地产领域的风险会通过信贷传导到银行系统，增加不良贷款率。因此，预期参数 $\eta_1 > 0$、$\eta_2 < 0$。

模型（7.6）描述了房价波动与银行不稳定的基本关系，前提假设是二者为线性关系，但是在理论分析中我们已经发现，当房地产市场低迷时，房价负向偏离基本价值，房价上涨会带来一定的信心增加，但是仍会有大部分公众处于观望状态；当房地产市场价格持续上涨，房价与基本价值相符或略高于基本价值时，市场参与者对市场预期较好，房价上涨会显著的降低不良贷款的比率；而当房地产市场出现泡沫时，房地产领域开始积聚风险，房价上涨减少银行不良贷款的机制会受到抑制。因此，房价偏离度的不同，可能导致房价对不良贷款率作用的不同，房价对不良贷款的作用可能是非线性的。同样的机制，在不同的房价偏离度下，其本身对银行稳定的影响程度也会不同。潘和王（2013）分析了不同人均收入增长率对二者关系的影响，并且发现在不同的收入增长阶段，房价偏离对不良贷款率的影响存在显著的差异，即存在门槛效应。

采用布鲁斯－汉森（Bruce & Hansen，1999）年提出的静态面板门限模型，分别构建对房价偏离度和房价变动影响的单一门槛模型和双重门槛模型：

$$LNNPL_{it} = \eta_{11} HPDI_{it}(q_{it} \leq \tau_1) + \eta_{12} HPDI_{it}(q_{it} \leq \tau_1)$$
$$+ \eta_0 + \eta_2 LNHPI_{it} + \eta_3 X_{it} + \xi_{it}$$
$$LNNPL_{it} = \eta_{11} HPDI_{it}(q_{it} \leq \tau_1) + \eta_{12} HPDI_{it}(\tau_1 \leq q_{it} \leq \tau_2)$$
$$+ \eta_{13} HPDI_{it}(q_{it} \geq \tau_2) + \eta_0 + \eta_2 LNHPI_{it} + \eta_3 X_{it} + \xi_{it}$$
$$(7.7)$$

$$LNNPL_{it} = \eta_{21} LNHPI_{it}(q_{it} \leq \psi_1) + \eta_{22} LNHPI_{it}(q_{it} \leq \psi_1)$$
$$+ \eta_0 + \eta_1 HPDI_{it} + \eta_3 X_{it} + \xi_{it}$$
$$LNNPL_{it} = \eta_{21} LNHPI_{it}(q_{it} \leq \psi_1) + \eta_{22} LNHPI_{it}(\psi_1 \leq q_{it} \leq \psi_2)$$
$$+ \eta_{23} LNHPI_{it}(q_{it} \geq \psi_2) + \eta_0 + \eta_1 HPDI_{it} + \eta_3 X_{it} + \xi_{it}$$
$$(7.8)$$

其中 q_{it} 为门槛变量；式（7.7）中房价偏离度 $HPDI_{it}$ 是受门槛变量影响的解释变量，τ_1、τ_2 为门槛值；式（7.8）中房价 $LNHPI_{it}$ 是受门槛变量影响的解释变量，ψ_1、ψ_2 为门槛值。

根据连玉君（2006）介绍的方法，上述模型的另一种表述方式为：

$$LNNPL_{it} = \omega_{11} HPDI_{it} \cdot I(q_{it} \leq \tau_1) + \omega_{12} HPDI_{it}$$
$$+ \omega_0 + \omega_2 LNHPI_{it} + \omega_3 X_{it} + \xi_{it}$$
$$LNNPL_{it} = \omega_{11} HPDI_{it} \cdot I(q_{it} \leq \tau_1) + \omega_{12} HPDI_{it}$$
$$+ \omega_{13} HPDI_{it} \cdot I(q_{it} \geq \tau_2) + \omega_0 + \omega_2 LNHPI_{it} + \omega_3 X_{it} + \xi_{it}$$
$$(7.9)$$

$$\text{LN}NPL_{it} = \omega_{21}\text{LN}HPI_{it} \cdot I(q_{it} \leqslant \psi_1) + \omega_{22}\text{LN}HPI_{it}$$
$$+ \omega_0 + \omega_1 HPDI_{it} + \omega_3 X_{it} + \xi_{it}$$

$$\text{LN}NPL_{it} = \omega_{21}\text{LN}HPI_{it} \cdot I(q_{it} \leqslant \psi_1) + \omega_{22}\text{LN}HPI_{it}$$
$$+ \omega_{23}\text{LN}HPI_{it} \cdot I(q_{it} \geqslant \psi_2) + \omega_0 + \omega_1 HPDI_{it} + \omega_3 X_{it} + \xi_{it}$$

$$(7.10)$$

其中 $I \cdot ()$ 为指示性函数，系数之间的关系为 $\eta_{12} = \omega_{12}$、$\eta_{11} = \omega_{12} + \omega_{11}$、$\eta_{13} = \omega_{12} + \omega_{13}$；$\eta_{22} = \omega_{22}$、$\eta_{21} = \omega_{22} + \omega_{21}$、$\eta_{23} = \omega_{22} + \omega_{23}$ 变化后的经济含义以房价偏离模型的双重门槛模型为例，η_{12} 和 ω_{12} 表示当门槛变量值处于两个门槛变量值之间 $\tau_1 \leqslant q_{it} \leqslant \tau_2$ 时房价偏离对不良贷款的影响程度，而 ω_{11} 则表示相比处于 $\tau_1 \leqslant q_{it} \leqslant \tau_2$ 时的 ω_{12}，门槛变量 $q_{it} \leqslant \tau_1$ 时房价偏离对不良贷款影响程度的增加值，表示的是一个相对量。这样表示的好处是比较容易观察不同区间影响程度的增量。

根据理论分析，房价对银行稳定的影响可能受多种因素的影响，在此本部分选取人均国民收入、经济杠杆率、经济增长率、经济结构、房价上涨率分别作为模型（7.9）和模型（7.10）中的门槛变量 q_{it}，以检测这些因素是否影响房价偏离和房价变动对银行稳定的作用，指标的含义和计算过程与第四章第一节相同。

三、样本选取与数据处理

鉴于面板向量误差修正模型和面板门槛模型对平行面板的要求，本书选取 37 个国家或地区 2000～2013 共 14 年数据。37 个国家（地区）包括澳大利亚、奥地利、比利时、加拿大、克罗地亚、丹麦、芬兰、法国、德国、希腊、中国香港、冰岛、爱尔兰、以色列、意大利、日本、韩国、立陶宛、卢森堡、荷兰、挪威、葡萄牙、俄罗斯、新加坡、西班牙、瑞士、瑞典、英国、美国共 29 个高收入国家或地区和巴西、保加利亚、中国、印度尼西亚、马来西亚、秘鲁、南非、泰国共 8 个中等收入国家。

所用到的数据银行不良贷款率、人均收入主要来自世界银行世界发展指标数据库，部分年份不良贷款率缺失，首先以万得数据库和世界各国宏观经济数据库进行补充，个别数据采用均值插入法进行了补充；房屋销售价格指数数据来自国际清算银行和美联储圣路易分行，中国房屋销售价格指数来自国家统计局网站，均调整为 2010 年为基期的定基指数；通货膨胀率采用消费物价指数表示的增长率，数据来自世界货币基金组织国际金融调查数据库（IMF IFS）。

四、房价波动对银行稳定的实证分析

（一）房价偏离度的估计

对公式（7.4）分别采用 PMG、MG 和 DFE 三种方法进行估计，结果如表 7 - 2 所示。估计结果显示各种估计方法估计的长期调整系数均为负值，表明长期均衡关系是存在的，短期内房价可能出现偏离，但是会不断向均衡值调整。此处估计结果与科特尔、波霍启恩（2010），谭政勋、陈铭（2012），潘、王（2013）的基本一致，系数的负号相同，大小存在差异。但是与他们不一致的是豪斯曼检验结果显示在该样本下固定效应模型是最适合的，不同于他们检验 PMG 模型最适合。这或许是由于样本范围和时间存在差别。比较而言固定效应模型也是最保守的估计方式。

表 7 - 2　　　　　　　　　面板向量误差修正模型估计结果

	pmg	mg	dfe	dfe_cluster	ols
长期系数					
lngdp	0.892 *** （21.75）	0.497 *** （2.76）	0.499 *** （5.76）	0.499 *** （4.13）	0.724 *** （36.18）
SR					
调整系数	− 0.101 ** （− 2.30）	− 0.172 *** （− 2.94）	− 0.139 *** （− 5.89）	− 0.139 *** （− 3.30）	

	pmg	mg	dfe	dfe_cluster	ols
D. lngdp	0. 274 *** (2. 82)	0. 194 *** (2. 79)	0. 285 *** (7. 35)	0. 285 *** (4. 03)	
常数项	− 0. 423 ** (− 2. 03)	− 0. 98 (− 0. 97)	− 0. 05 (− 0. 43)	− 0. 05 (− 0. 31)	− 2. 805 *** (− 14. 19)
样本数	481	481			518

注: * 、 ** 、 *** 分别代表10% 、5% 和1% 的显著性水平。括号内对应的为各系数检验的 t 值。

根据固定效应估计结果，房价长期和短期均受到收入水平的影响。长期收入每上涨一个百分点房价上涨 0.499 个百分点，长期调整系数为 − 0.139，说明，房价出现偏离时，向均衡的调整速度为 13.9% 每年，小于谭政勋、陈铭（2012）的 18% 每年。但是大于科特尔和波霍启恩（2010）的 10% 、潘和王（2013）的 6% 。后者研究的对象分别是德国和美国各地区的房价波动，两个国家均为发达国家。谭政勋、陈铭（2012）研究的 29 个国家（地区）中接近半数是中等收入或低收入地区，房价波动幅度大，容易调整。而本书的 37 个国家（地区）中绝大多数为发达国家，所以调整系数的绝对值介于两者之间是合理的。

应用上述估计结果，相应房价对基本价值的偏离可以表示为：

$$HPD_{it} = LNHP_{it} + 0.0543 − 0.4986348 \times LNINC_{it} \qquad (7.11)$$

进一步可以计算房价偏离度 $HPDI_{it}$ 。房价偏离和房价偏离度的基本描述如表 7−3 所示。

表 7−3　　　　　　　　房价偏离和房价偏离度的基本描述

变量	样本数	均值	方差	最小值	最大值
HPD	518	− 0.04	0.51	− 1.43	1.32
HPDI	518	0.27%	12.91	− 31.71%	47.81%

（二）房价波动对银行稳定的实证结果

1. 基本 OLS 回归结果

首先对公式（7.6）进行面板固定效应 OLS 回归。结果如表 7−4

所示，房价对不良贷款率有负向的影响，房价上升会降低不良贷款率，增加银行的稳定性。具体而言，房价每上升1%，不良贷款率会降低1.756%，t检验的P值小于1%；房价偏离度对不良贷款率有正向的影响，房价偏离度越高，不良贷款率也会越高，即房价偏离不利于银行稳定性。具体房价偏离度每增加1个百分点，银行不良贷款率将会上升0.0631%。该结果与科特尔、波霍启恩（2010），谭政勋、陈铭（2012），潘、王（2013）的相似，他们均得出房价上涨会增加银行系统的稳定性，房价偏离会降低银行系统稳定性的结论。

通货膨胀率和经济增长率对不良贷款的影响为负向显著的，通货膨胀率越高，不良贷款率越低。这是符合实际的，往往在经济繁荣期伴随着通货膨胀率上升，不良贷款率较低，而在衰退期，往往是通货紧缩的同时出现大量的呆坏账。经济杠杆率对不良贷款的影响是正向显著的，说明经济杠杆过长不利于银行稳定。

表7-4　　　　　　　　房价波动对银行稳定的OLS回归结果

Lnnpl	系数	t值
Cpi	-0.0660***	（-4.17）
Perphp	6.31***	（5.860）
Tcredit	0.00812***	（5.690）
Ggdp	-0.0775***	（-7.21）
Lnhpi	-1.756***	（-10.22）
_cons	7.908***	（11.290）
r2	0.287	
r2_w	0.287	
N	518.000	
F	38.290	

注：*、**、***分别代表10%、5%和1%的显著性水平。括号内对应的为各系数检验的t值。

2. 对房价偏离的门槛效应回归结果

汉森（1999）在提出面板门槛模型的同时也提供了估计方法。首先要确定门槛的个数，也就是进行门槛效应检验。接下来要确定门槛的个数，也就是进行门槛效应检验。表7－5是采用最小二乘估计法对每一个门槛变量依次假定不存在门槛效应，存在单一门槛、存在双重门槛得到的结果，以及对应的F统计值和自举法得到的P值。其中人均国民收入和经济增长率的单一门槛显著，P值分别为0.033和0.013，双重门槛不显著，因此人均国民收入和经济增长率对房价偏离影响银行稳定存在单一门槛；宏观经济杠杆率、经济增长率、工业增加值占GDP的比和房价上涨率的单一门槛和双重门槛效果显著，但是三重门槛效果不显著，因此这三个变量应采用双重门槛模型。

表7－5　　　　　　　　　房价偏离门槛效应检验结果

	人均国民收入	宏观经济杠杆率	经济增长率	工业增加值占比	房价增长率
单一门槛	15.175 ** (0.037)	16.498 ** (0.013)	16.010 ** (0.013)	30.851 *** (0.007)	5.785 * (0.073)
双重门槛	7.354 (0.133)	17.247 *** (0.007)	5.148 (0.130)	25.303 ** (0.013)	7.910 ** (0.017)
三重门槛	8.412 (0.200)	10.024 (0.125)	4.086 ** (0.020)	4.436 (0.175)	3.596 (0.135)

注：*、**、*** 分别代表10%、5%和1%的显著性水平。括号内对应的为各系数检验的t值。

表7－6为各门槛变量门槛值的点估计结果及其对应的95%置信区间。除房价增长率外，各门槛变量的置信区间不存在包含另外一个门槛值的情况，因此可以认为各门槛变量的门槛效应显著并且合理。

表 7 - 6   门槛的估计值和 95% 置信区间

指标	门槛值 1		门槛值 1	
	估计值	95% 置信区间	估计值	95% 置信区间
人均国民收入（美元）	2950	[2300, 2.5e + 04]		
宏观经济杠杆率（%）	51.1	[49.6, 207.1]	133.1	[127.8, 136.0]
经济增长率（%）	7.4	[6.3, 7.7]		
工业增加值占比（%）	22.8	[22.3, 23.4]	27.1	[26.7, 27.3]
房价增长率（%）	-5.9	[-6.0, 14.3]	19.7	[-3.1, 21.6]

　　将估计出的门槛值分别代入模型（7.9）中，用固定效应模型进行估计，结果如表 7 - 7 所示。估计结果显示，总体而言，不良贷款对房价的弹性系数为负，房价上涨显著降低不良贷款率，对银行稳定有正向的影响，而房价偏离度显著推升了不良贷款率，对银行稳定有负向的影响。但是受到各门槛变量的影响，在不同区间内，房价偏离对不良贷款的影响出现了差异。具体房价偏离度门槛估计增量结果见表 7 - 7，各区间系数及其变动趋势如表 7 - 8 所示。

表 7 - 7   房价偏离对银行稳定门槛估计增量结果

	人均国民收入	经济杠杆率	经济增长率	工业增加值占比	房价增长率
cpi	-0.0543 *** (-3.41)	-0.0707 *** (-4.53)	-0.0637 *** (-4.07)	-0.0559 *** (-3.65)	-0.0704 *** (-4.45)
tcredit	0.00748 *** (5.270)	0.00664 *** (4.700)	0.00807 *** (5.730)	0.00801 *** (5.880)	0.00830 *** (5.870)
ggdp	-0.0770 *** (-7.26)	-0.0773 *** (-7.39)	-0.0787 *** (-7.42)	-0.0708 *** (-6.93)	-0.0795 *** (-7.39)
lnhpi	-1.283 *** (-6.07)	-1.630 *** (-9.65)	-1.719 *** (-10.11)	-1.805 *** (-11.06)	-1.812 *** (-10.60)
perphp	3.06 ** (2.230)	6.93 *** (6.590)	3.23 ** (2.390)	12.0 *** (8.690)	2.50 (1.650)

续表

	人均国民收入	经济杠杆率	经济增长率	工业增加值占比	房价增长率
perphpd1	3.27 *** (3.760)	−3.02 *** (−4.00)	3.41 *** (3.700)	−1.13 *** (−7.00)	2.20 *** (2.820)
perphpd2		−2.59 *** (−3.96)		−5.02 *** (−5.02)	2.71 *** (2.700)
_cons	5.852 *** (6.640)	7.590 *** (11.100)	7.765 *** (11.210)	8.062 *** (12.060)	8.147 *** (11.690)
r2	0.307	0.329	0.307	0.361	0.305
r2_w	0.307	0.329	0.307	0.361	0.305
N	518	518	518	518	518
F	35.140	33.240	35.030	38.300	29.760

注：* 、** 、*** 分别代表10%、5%和1%的显著性水平。括号内对应的为各系数检验的 t 值。

（1）人均国民收入。结果显示，人均收入跨过门槛值2950后，房价偏离对不良贷款的推动作用是减小的。当年人均国民收入高于2950时，房价偏离度每上升1个单位，不良贷款率增加3.27%。而当年人均国民收入低于2950时，房价每升上1个单位，不良贷款率将多增加3.06%，也就是将增加6.33%。可见，收入水平越低，房价偏离度对银行不稳定的影响程度越高，表7-8中的迷你图可见，收入水平跨过门槛值后偏离度对银行不稳定的影响程度减弱。当前世界上大多数国家的人均收入水平均跨过了门槛值。

（2）经济杠杆率。回归结果显示，经济杠杆率对房价偏离影响不良贷款率具有双重门槛效应，并且呈现倒"U"型。当经济杠杆率低于49.6%时，房价偏离度每增加1个单位，不良贷款率上升1.9%；当经济杠杆率介于51.1%和133.0%之间时，房价偏离度每增加1个单位，不良贷款率上升6.9%；经济杠杆率高于133.0%时，房价偏离度每增加1个单位，不良贷款率上升4.3%。表明经济杠杆率在上升的过程中，中间有一个阶段使得房价偏离对不良贷款率的影响增大。而一旦经济杠杆率跨越了门槛值，达到了一定比例（此处为133），则对上述机制的影响程度会降低。

（3）经济增长率。经济增长率对房价偏离影响不良贷款率具有正向但是递减的单一门槛效应。当经济增长率低于7.4%时，房价偏离度每上涨1个单位，不良贷款率上升6.6%；经济增长率高于7.4%时，房价偏离度每上涨1个单位，不良贷款率上升3.2%。也就是说只有经济保持高速增长，时房价偏离对不良贷款的促进作用才会降低。

（4）工业增加值占GDP的比。工业增加值占GDP的比对房价偏离影响不良贷款率同样呈现倒"U"型的双重门槛效应。当工业增加值占GDP的比低于22.8%时，房价偏离度每上涨1个单位，不良贷款率上升6.6%；当工业增加值占GDP的比介于22.8%和27.1%之间时，房价偏离度每上涨1个单位，不良贷款率上升12%；工业增加值占GDP的比高于27.1%时，房价偏离度每上涨1个单位，不良贷款率上升7.0%。工业增加值占GDP的比反映一个国家的工业化程度，值越高说明工业化程度越高，而较低则说明工业化程度较低或已经去工业化。

表7-8 房价偏离门槛估计结果的区间趋势

经济杠杆率（%）	tcredit < 51.1	3.91	
	51.1 < tcredit < 133.1	6.93	
	tcredit > 133.1	4.34	
经济增长率（%）	ggdp < 7.4	6.64	
	ggdp > 7.4	3.23	
经济结构（%）	ma < 22.8	7	
	22.8 < ma < 27.1	12	
	ma > 27.1	6.98	
房价增长率（%）	ghpi < -5.9	4.72	
	-5.9 < ghpi < 19.7	2.52	
	ghpi > 19.7	5.23	

（5）房价增长率。房价增长率对房价偏离影响不良贷款率呈现"U"型的双重门槛效应。当房价处于下降阶段，增长率低于 -5.9% 时，房价偏离度每增加 1 个单位，不良贷款率上升 4.72%；当房价增长率介于 -5.9% 和 19.7% 之间时，房价偏离度对不良贷款的影响程度较低，房价偏离度每增加 1 个单位，不良贷款利率上涨 2.52%；而当房价增长利率大于 19.7% 时，房价偏离度每增加 1 个单位，不良贷款利率上涨 5.23%。也就是说房价下跌和房价增长率较高时房价偏离更加不利于银行的稳定性。

3. 对房价变动的门槛效应回归结果

接下来分析各门槛变量作用于房价时对估计结果的影响。

首先要确定门槛的个数，也就是进行门槛效应检验。表 7 - 9 是采用最小二乘估计法对每一个门槛变量依次假定不存在门槛效应，存在单一门槛、存在双重门槛（相应的备择假设就是存在单一门槛，双重门槛和三重门槛）得到的结果，以及对应的 F 统计值和自举法得到的 P 值。其中人均国民收入的单一门槛显著，P 值为 0.033，双重门槛不显著，因此人均国民收入对房价变动影响银行稳定存在单一门槛；宏观经济杠杆率、经济增长率、工业增加值占 GDP 的比和房价上涨率的单一门槛和双重门槛效果显著，但是三重门槛效果不显著，因此这四个变量应采用双重门槛模型。

表 7 - 9　　　　　　　　门槛效应检验结果

	人均国民收入	宏观经济杠杆率	经济增长率	工业增加值占比	房价增长率
单一门槛	18.526 ** (0.033)	27.280 *** 0.003	16.986 *** 0.000	29.431 ** 0.047	53.353 *** 0.000
双重门槛	9.348 (0.167)	20.614 ** 0.027	8.670 *** 0.000	21.299 ** 0.030	15.261 *** 0.010
三重门槛	7.086 (0.165)	6.781 0.120	4.024 * 0.100	11.930 0.110	4.305 0.170

注：*、**、*** 分别代表 10%、5% 和 1% 的显著性水平。括号内为各系数检验的 t 值。

表 7 - 10 为各门槛变量门槛值的点估计结果及其对应的95%置信区间。各门槛变量的置信区间不存在包含另外一个门槛值的情况，因此可以认为各门槛变量的门槛效应显著并且合理。

表 7 - 10   门槛的估计值和95%置信区间

指标	门槛值 1		门槛值 1	
	估计值	95%置信区间	估计值	95%置信区间
人均国民收入（美元）	5750	[5390.0，1.1e+04]		
宏观经济杠杆率（%）	49.6	[36.4，51.1]	201.6	[178.3，201.7]
经济增长率（%）	1.7	[0.3，2.9]	3.7	[3.5，6.6]
工业增加值占比（%）	24.8	[21.8，25.0]	31.0	[30.6，31.1]
房价增长率（%）	-0.8	[-1.1，3.0]	6.2	[5.4，10.3]

将估计出的门槛值分别代入模型（7.10）中，用固定效应模型进行估计，结果如表 7 - 11 所示。估计结果显示，总体结果与 OLS 和上述结果一致，用房价偏离和房价变动解释不良贷款率的结果是稳健的。受到各门槛变量的影响，在不同区间内，房价对不良贷款的影响出现了差异。具体分析如下：

（1）人均国民收入。结果显示，人均收入跨过门槛值后，房价变动对不良贷款的负向作用是减小的。由于门槛值为5750，置信区间为 [5390，1.1e+04]，可以认为当年人均国民收入高于11000时，房价每上升1%，不良贷款率减少2.025%。而当年人均国民收入低于5390时，房价每升上1%，不良贷款率将多减少0.149%，也就是将减少2.176%。可见，在不同收入水平上，房价上涨均有利于银行的稳定，表 7 - 12 中的迷你图可见，收入水平跨过门槛值后房价上涨对银行稳定的影响程度减弱（负值的增长表示减弱，下同），即收入水平高的地区，银行稳定性对房价的敏感程度降低。

表7-11　　　　　　　　房价上涨门槛模型的参数估计结果

	人均国民收入	经济杠杆率	经济增长率	工业增加值占比	房价增长率
cpi	-0.0596 *** (-3.79)	-0.0790 *** (-5.17)	-0.0694 *** (-4.47)	-0.0624 *** (-4.11)	-0.0671 *** (-4.50)
tcredit	0.00900 *** (6.310)	0.003 (1.500)	0.00755 *** (5.380)	0.00613 *** (4.390)	0.00415 *** (2.900)
ggdp	-0.0727 *** (-6.82)	-0.0704 *** (-6.81)	(0.016) (-1.02)	-0.0614 *** (-5.83)	-0.0374 *** (-3.28)
perphp	6.78 *** (6.350)	6.04 *** (5.870)	6.46 *** (6.150)	6.53 *** (6.340)	7.09 *** (6.970)
lnhpi	-2.025 *** (-11.02)	-1.629 *** (-9.81)	-1.755 *** (-10.46)	-1.766 *** (-10.60)	-1.637 *** (-10.01)
lnhpid1	-0.149 *** (-3.80)	-0.253 *** (-5.72)	0.0596 *** (2.920)	0.149 *** (5.590)	0.0953 *** (5.720)
lnhpid2		0.157 *** (4.620)	-0.0863 *** (-3.98)	-0.133 *** (-4.35)	-0.0784 *** (-3.76)
_cons	9.037 *** (12.020)	8.127 *** (12.120)	7.859 *** (11.470)	8.155 *** (12.170)	7.813 *** (11.860)
r2	0.308	0.352	0.324	0.352	0.372
r2_w	0.308	0.352	0.324	0.352	0.372
N	518.000	518.000	518.000	518.000	518.000
F	35.210	36.730	32.390	36.750	40.170

注：*、**、***分别代表10%、5%和1%的显著性水平。括号内对应的为各系数检验的t值。

（2）经济杠杆率。回归结果显示，经济杠杆率对房价影响不良贷款率具有负向递增的双重门槛效应。当经济杠杆率低于49.6%时，房价每上涨1%，不良贷款率下降1.882%；当经济杠杆率介于49.6%和201.6%之间时，房价每上涨1%，不良贷款率下降1.629%；经济杠杆率高于201.6%时，房价每上涨1%，不良贷款率下降1.472%。即随着经济杠杆不断的跨越门槛，不良贷款对房价波动的敏感程度逐渐降低。

（3）经济增长率。回归结果显示，经济增长率对房价影响不良贷款率具有负向递减的双重门槛效应。当经济增长率低于1.7%时，房价每上涨1%，不良贷款率下降1.695%；当经济增长率介于1.7%和3.7%之间时，房价每上涨1%，不良贷款率下降1.755%；经济增长率高于3.7%时，房价每上涨1%，不良贷款率下降1.841%。即随着经济增长率不断地跨越门槛，不良贷款对房价波动的敏感程度逐渐增强。

表7-12　　　　　门槛变量对房价变动影响银行不稳定的作用

	lnhpi	系数	对银行不稳定的影响程度
人均国民收入	gni < 5750	-2.174	
	gni > 5750	-2.025	
经济杠杆率	tcredit < 49.62	-1.882	
	49.62 < tcredit < 201.577	-1.629	
	tcredit > 201.577	-1.472	
经济增长率	ggdp < 1.732	-1.6954	
	1.732 < ggdp < 3.728	-1.755	
	ggdp > 3.728	-1.8413	
经济结构	ma < 24.748	-1.617	
	24.748 < ma < 30.996	-1.766	
	ma > 30.996	-1.899	
房价增长率	ghpi < -0.008	-0.0377	
	-0.008 < ghpi < 0.062	-1.637	
	ghpi > 0.062	-1.7154	

（4）工业增加值占GDP的比。回归结果显示，工业增加值占GDP的比对房价影响不良贷款率有负向递减的双重门槛效应。当工业增加值占GDP的比低于1.7%时，房价每上涨1%，不良贷款率下降1.695%；当工业增加值占GDP的比介于1.7%和3.7%之间时，房价每上涨1%，

不良贷款率下降1.755%；工业增加值占GDP的比高于3.7%时，房价每上涨1%，不良贷款率下降1.841%。即随着经济增长率不断地跨越门槛，不良贷款对房价波动的敏感程度逐渐增强。

（5）房价增长率。房价增长率对房价影响不良贷款率具有负向递减的双重门槛效应。当房价处于下降阶段，房价增长率低于-0.8%时，房价每下降1%，不良贷款率增加0.0377%；而当房价增长率介于-0.8%和6.2%之间时，房价每上升1%，不良贷款率减少1.637%；当房价增长率高于6.2%时，房价每上升1%，不良贷款率减少1.7154%。结果表明，房价下降阶段，不良贷款率变得对房价变动不敏感，这与预期不相符，因为现实中往往在房价下降的阶段出现大规模的坏账，导致不良贷款率上升，这有待以后进一步的检验。

第三节　本章小结

本章的目的是检验房价波动与金融稳定的关系，在此之前首先检验了房价与信贷的关系。

第一节研究了房价与信贷的相互关系，为下一步探讨房价对银行稳定做铺垫，以53个国家数据为样本，构建了房价和信贷相互影响的非平衡动态面板数据模型，并进一步采用系统GMM方法对模型进行了估计。估计结果显示：首先房价和信贷存在惯性，上一期的数值会对当期数值造成一定程度的影响；其次房价和信贷存在显著的相互影响，房价对信贷的影响程度大于信贷对房价的影响程度；同时，人均收入水平和宏观经济杠杆率对房价和信贷均有显著的正向影响，并且人均收入对房价的正向作用大于宏观经济杠杆率，二者对信贷的影响却恰好相反。

上述结论一方面证明了房价和信贷之间的相互促进作用，另一方面验证了虚拟经济内部存在自我循环的动力。假如给予人均收入一个正向的冲击，会引起房价和信贷的上涨，而房价和信贷的上涨会相互促进，并且形成惯性，出现螺旋上升的局面。给予宏观经济杠杆率一个正向的冲击同样会出现上述情况。但是，反方向的冲击同样会导致房价和信贷的加速下跌，在极端的情况下仅仅是预期的改变就会导致房价和信贷总量的下跌，而信贷的紧缩往往会导致不良贷款率的大幅度上升，从而引发银行系统危机。

第二节以不良贷款率作为银行不稳定的指标，从房价偏离和房价变动两个角度实证分析了房价波动对银行不稳定的影响。首先构建面板向量误差修正模型，估计出由收入决定的房价长期均衡值。然后以房价对均衡值的偏离构建出房价偏离度指标，来测度房价对经济基本面的偏离。基本的 OLS 回归结果显示，房价变动与不良贷款率呈负向关系，房价上涨降低了银行的不稳定性，而房价偏离对不良贷款率表现出正向影响，房价偏离度越高，银行系统越不稳定。进一步，以人均国民收入、经济杠杆率、经济增长率、工业增加值占 GDP 的比和房价增长率作为门槛变量，分别检验房价偏离和房价变动对银行不稳定的影响是否存在非线性。门槛估计结果显示：对于房价偏离度而言，以人均国民收入和经济增长率为门槛变量，房价偏离度对银行不稳定有单一门槛效应，年人均国民收入跨过 2950 美元和经济增长率高于 7.35% 每年，房价偏离度对银行不稳定的影响程度均会降低。以经济杠杆率、工业增加值占 GDP 的比和房价增长率为门槛变量，房价偏离度对银行不稳定的影响存在双重门槛效应。相比其他区间，经济杠杆率和工业增加值占 GDP 的比处于中间区间（经济杠杆率：55.045，133.108；工业增加值占 GDP 的比：22.8，27.1）时房价偏离度对银行不稳定的影响程度更高。房价上涨率却相反，当房价处于下降阶段（增长率小于 -5.9%）或高速增长阶段（增长率高于 19.7%）时，房价偏离对银行不稳定的影响程度高于房价平稳上涨时期。对于房价变动来说，人均国民收入和经济杠杆率为门槛变量，不良贷款率对房价的弹性系数为负，并且分别存在负向单一和双重递增的门槛效应。经济增长率，工业增加值占 GDP 的比和房价增长率则存在负向双重递减的门槛效应。

总之，本章的结果显示房地产通过信贷与金融发生作用，房价的上涨能够促进金融稳定，但是房价对经济基本面的偏离却导致金融不稳定性增强。同时，估计结果发现，人均收入、宏观经济杠杆率、经济增长率、经济结构、房价上涨率均会影响房价波动于金融稳定的关系，因此可以考虑从这些因素入手促进金融稳定。

房地产业与虚拟经济尤其是房地产业自身和金融业关系密切。最近十几年我国房地产的快速发展已经在房地产业内部和金融业集聚了大量的泡沫和风险。房地产与金融的紧密关联增加了房地产风险对整个经济的影响。当前的房地产价格已经处于高位，就房地产本身的特征而言，房地产业资金占用比例高，价格波动幅度较大，过度发展会对经济造成潜在的威胁。根据央行公布的《2014 年一季度金融机构贷款投向统计报告》显示，到今年 3 月末人民币各项贷款余额 74.91 万亿元，同比增长 13.9%；其中 3 月末，房地产贷款余额 15.42 万亿元，同比增长 18.8%。在这 15.42 万亿元贷款中，房产开发贷款 3.78 万亿元，地产开发贷款 1.12 万亿元，个人购房贷款 10.29 万亿元，此外还有保障性住房贷款。统计局数据显示，房地产开发资金来源中自筹资金占比在 20%~40%。2007 年美国金融危机发生后，世界给各国均受到不同程度的影响，我国同样受到较大影响，股市应声下跌，房地产价格也出现下滑趋势，但是随着国家政策的出台，房地产价格止跌回升，并持续数年继续增长。可以说，我国经济尤其是整个金融系统能够在当时严峻的环境下平稳过渡，得益于房地产市场的稳步上升。

但是面对当前经济结构调整引起的经济增速下滑、房地产市场降温，债务负担过重的企业无法按期还款，导致出现贷款违约，中小企业间广泛的联保互保使得企业的个别风险系统化，部分企业出现问题会影响到所有参与其中的企业。并且我国存在巨大的影子银行，在房地产价格上升期，民间借贷等方式的利率远远高于银行利率，随着房地产市场的降温，市场整体利润率下降，无法支付高额利息的企业主面临的将不仅仅是违约。

本章对房地产影响金融稳定的实证结果显示，房地产价格波动对金融稳定有两方面的影响，房地产价格上涨能够促进金融稳定，但是房地产价格偏离经济基本面会导致不良贷款率的上升，引发金融不稳定。根据门槛检验的结果，由于我国当期工业增加值占 GDP 的比相对较高，经济增长速度仍然保持在 7% 以上，房价偏离度对金融不稳定的影响处于低影响区制。总体而言，我国房地产价格上涨的十几年，银行不良贷款率一直保持在较低的水平，主要归功于房地产价格上涨的正向稳定作用大于房价偏离的负向作用，在房价上涨的初期，房价还没有偏离经济基本面。但是随着房价上涨的累积效果显现，房价偏离经济基本面的程度越来越高，其对金融不稳定的影响增大。房地产市场降温使得房价增长率降低，甚至部分地区出现房地产价格的下降，而此时房地产价格仍然偏离经济基本面，房价下降和房价偏离对金融稳定造成了双向影响，增加了金融系统的不稳定性。

附　录

全部样本区间

国家（地区）	hpi	gnp	gdp	cpi	ppi	M2	固定资产投资	工业增加值	通货膨胀率	最终消费支出	股票价格指数	可支配收入	研发投入	坏账率	贷款利率	总信贷
澳大利亚	1975	1975	1975	1975	1975	1975	1975	1975	1975	1975	1980	1975	1996~2010	2000	1980	1975
奥地利	2000	1975	1975	1975	1975	1980	1975	1975	1975	1975	1993	1975	1996~2012	2000	1996	1975
比利时	1975	1975	1975	1975	1980	1988	1975	1975	1975	1975	1991	1975	1996~2012	2000	1985	1975
巴西	2000	1975	1975	1981	1975	1975	1975	1975	1975	1975	1993	无	2000~1001	2000	1997	缺1986，1987
保加利亚	1993	1982	1980	1986	1985	1991	1980	1980~2012	1981	1980	2000	无	1996~2012	2000	1991	1991
加拿大	1975	1975	1975	1975	1975	1975	1975	~2010	1975	1975	1975	1975	1996~2012	2000	1980	1975
中国	1991	1975	1975	1987	1993	1977	1975	1975	1975	1982	1991	无	1996~2012	2000	1980	1977
克罗地亚	1988	1991	1990	1986	1990	1993	1990	1990	1996	1990	1997	无	1999~2012	2000	1992	1993
塞浦路斯	2002	1977	1975	1975	~2012	1975	~2010	~2008	1976	~2010	2004	无	1998~2012	2008	1975	1975

续表

国家（地区）	hpi	gnp	gdp	cpi	ppi	M2	固定资产投资	工业增加值	通货膨胀率	最终消费支出	股票价格指数	可支配收入	研发投入	坏账率	贷款利率	总信贷
捷克	2008	2002	1990	1994	1985、1993~2013	1993	1990	1990	1991	1990	1994	1992	1996~2012	缺04、05、06.2000	1993	1993
丹麦	1975	1975	1975	1975	1975	1975	1975	1975	1975	1975	1996	1975	1996~2012	2000	1980	1975
爱沙尼亚	2005	2002	1993	1993	1994	1993	1993	1995	1994	1993	997	2000	1998~2012	2000	1992	1993
芬兰	1975	1975	1975	1975	1975	1975	1975	1975	1975	1975	1993	1975	1996~2012	2000	1990	1975
法国	1975	1975	1975	1975	1980	1980	1975	1975	1975	1975	1988	1978	1996~2012	2000	1990	1975
德国	1975	1975	1975	1992	1975	1980	1975	1975	1975	1975	1975	1975	1996~2012	2000	1980	1975
希腊	1994	1975	1975	1975	1995	1980	1975	2005	1975	1975	1986	1975	1997~2012	2000	1980	1975
印度尼西亚	2000	1975	1975	1975	1975	1975	1975	1975	1975	1975	1984	2000~2010	2000、2001、2009	2000	1986	1975
爱尔兰	1975	1975	1975	1975	1975	1975	1975	~2012	1975	~2012	1980	1975	1996~2012	2000	1980	1975
中国香港	1982	1975	1975	1982	1990	1980	1975	2000~2012	1975	1975	1980	无	1998~2010	2000	1990	1990
匈牙利	2007	1975	1975	1975	1975	1982	1975	~2010	2001	~2011	1975	1995	1996~2012	2000	1988	1982

续表

国家（地区）	hpi	gmp	gdp	cpi	ppi	M2	固定资产投资	工业增加值	通货膨胀率	最终消费支出	股票价格指数	可支配收入	研发投入	坏账率	贷款利率	总信贷
冰岛	2000	1975	1975	1975	1985	1975	1975	~2012	1975	1975	1993	1975	1997~2003、2005~2009、2011	2000	1982	1975
以色列	2000	1975	1975	1975	1975	1975	~2012	无	1975	~2012	1992	1995	1996~2012	2000	1980	1975
意大利	1975	1975	1975	1975	1981	1975	1975	1975	1975	1975	1980	1975	1996~2012	2000	1983	1975
日本	1975	1975	1975	1975	1975	1975	~2012	~2012	1975	~2012	1975	1975	1996~2011	2000	1981	1975
韩国	1975	1975	1975	1975	1975	1975	1975	1975	1975	1975	1980	1975	1996~2011	2000	1980	1975
拉脱维亚	2006	1975	1975	1992	1992	1993	1980~2011	1987~2010	1975	1987~2011	2000	无	1996~2012	2000	1993	1993
立陶宛	1999	1992	1990	1993	1993	1993	1990~2011	1990~2010	1991	1990~2011	2000	无	1996~2012	2000	1993	1993
卢森堡	1975	1975	1975	1975	1980	1981	1975	1975	1975	1975	1987~2001	1975	2000和2003~2012	2000	1985	1977
马其顿	2005	1992	1990	1994	1993	1993	1990	1990	1991	1990	2004	无	1997~2010	2000	1994	1993

续表

国家（地区）	hpi	gnp	gdp	cpi	ppi	M2	固定资产投资	工业增加值	通货膨胀率	最终消费支出	股票价格指数	可支配收入	研发投入	坏账率	贷款利率	总信贷
马来西亚	1999	1975	1975	1975	1986	1975	1975	1975	1975	1975	1978	无		2000	1987	1975
马耳他	2000	1975	1975	1975	无	1975	~2011	~2010	1975	~2011	2000	无	2002~2012	2005	1980	1975
墨西哥	2005	1975	1975	1975	1975	1975	1975	1975	1975	1975	1980	1975	1996~2011	2000	1993	1975
摩洛哥	2006	1975	1975	1975	1975	1975	~2012	~2012	1975	~2012	1992	无		2000	1981	1975
荷兰	1975	1975	1975	1975	1975	1975	1975	1975	1975	1975	1995	1975	1996~2012	2000	1980	1975
新西兰	1975	1975	1975	1975	1975	1975	1975	~2010	1975	1975	1992	1975		2007	1998	1975
挪威	1975	1975	1975	1975	1977	1975	1975	1975	1975	1975	1996	1975	1997~2012	2000	1982	1993
葡萄牙	1988	1975	1975	1975	1993	1980	1975	1975	1975	1975	1992	1975	1996~2012	2000	1980	1975
秘鲁	1998	1975	1975	1975	1980	1975	1975	~2012	1975	1975	1990	无	1997~2004	2000	1985	1975
罗马尼亚	2009	1989	1987	1991	1990	1987	1981~1982 和 1990~2013	1990	1982	1990	2006	无	1996~2012	2001、2003、2007~2013	1993	1987
菲律宾	2008	1975	1975	1975	1993	1975	1975	1975	1975	1975	1975	1975	1975	2000	1980	1975
波兰	2006	1992	1985	1975	1977	1985	1985	1985	1991	1985	1984	1991	1996~2012	2000	1980	1985
俄国	2000	1991	1989	1993	1992	1993	1989	1989	1990	1988	1995	1995	1996~2012	2000	1995	1993
新加坡	1998	1975	1975	1975	1975	1975	1975	1975	1975	1975	1988	无	1996~2012	2000	1980	1975

续表

国家（地区）	hpi	gnp	gdp	cpi	ppi	M2	固定资产投资	工业增加值	通货膨胀率	最终消费支出	股票价格指数	可支配收入	研发投入	坏账率	贷款利率	总信贷
斯洛伐克	2005	1986	1982	1994	1980	1993	1985~2011	1985~2010	1985~2013	1985~2011	1995	1995	1996~2012	2000	1993	1993
斯洛文尼亚	2007	1992	1990	1993	1992	1993	1990	1990~2010	1991	1990~2011	2003	1995	1996~2012	2000	1991	1991
南非	1975	1975	1975	1975	1980	1975	1975	1975	1975	1975	2002	1985	1977~2010	2000	1980	1975
西班牙	1975	1975	1975	1975	1975	1981	1975	1975	1975	1975	1989	1975	1996~2012	2000	1982	1975
瑞典	1975	1975	1975	1975	1975	1975	1975	1975	1975	1975	1981	1975	1997~2012	2000	1980	1975
瑞士	1975	1975	1975	1975	1975	1975	1975	1980	1975	1975	1989	1975		2000	1981	1975
泰国	1991	1975	1975	1975	1975	1975	1975	1975	1975	1975	1989	无	1996~2009	2000	1980	1975
土耳其	2010	1975	1975	1975	1981	1975	1975	1975	1975	1975	1995	无	1996~2011	2000	2001	1975
英国	1975	1975	1975	1989	1975	1975	1975	1975	1975	1975	1985	1975	1996	2000	1980	1975
美国	1975	1975	1975	1975	1975	1975	~2012	~2011	1975	~2012	1975	1975	1996~2012	2000	1980	1975

注：本表为本书实证部分用到的全部国际数据的样本区间，具体每一章节用到的样本区间需要根据模型需要取自本表。为方便展示，若表中显示一个年份则表示数据自该年份开始至2013年，显示－*年，则为1975年开始至该年份截止，其他则直接显示起止时间或缺失年份。

参 考 文 献

［1］安辉，王瑞东．我国房地产价格影响因素的实证分析——兼论当前房地产调控政策．财经科学，2013（3）.

［2］白钦先．以金融资源学说为基础的金融可持续发展理论和战略——理论研究的逻辑．华南金融研究，2003（3）.

［3］白仲林．面板数据的计量经济分析．天津：南开大学出版社，2008.

［4］包宗华．房地产：先导产业与泡沫经济．中国财政经济出版社，1993.

［5］祁京梅，王茜．稳增长不能背离调结构的初衷．中国金融，2012（13）.

［6］才元．中国房地产业波动对国民经济的影响研究．吉林大学，2007.

［7］陈多长，方盛静．浙江房地产业的产业功能定位研究．统计研究，2008（1）.

［8］陈鹄飞，陈鸿飞，郑琦．货币冲击、房地产收益波动与最优货币政策选择．财经研究，2010（8）.

［9］陈珩．浅谈虚拟经济及其对实体经济的影响［J］．中国地质矿产经济，2002，15（2）.

［10］陈彦斌，邱哲圣．高房价如何影响居民储蓄率和财产不平等．经济研究，2011（10）.

［11］陈志英，韩振国，邓欣．信贷、房价波动与银行稳定关系的实证研究．金融理论与实践，2013（2）.

［12］成思危．虚拟经济探微．南开学报：哲学社会科学版，2003（2）．

［13］成思危．新经济的特点与我国企业的应对．IT 经理世界，2000（A11）．

［14］崔裴．中美房地产业内涵，属性及其经济与社会功能的比较研究．上海：华东师范大学，2008.

［15］戴国强，张建华．我国资产价格与通货膨胀的关系研究——基于 ARDL 的技术分析．国际金融研究，2009（11）．

［16］董涛．基于面板数据的我国房地产业对宏观经济的影响研究．清华大学，2011.

［17］段忠东．房地产价格，抵押制度与货币政策传导——理论基础与国际经验．广东金融学院学报，2010（1）．

［18］段忠东．房地产价格与通货膨胀，产出的关系——理论分析与基于中国数据的实证检验．数量经济技术经济研究，2008（12）．

［19］高波，王先柱．中国房地产市场货币政策传导机制的有效性分析：2000～2007．财贸经济，2009（3）．

［20］干霖．我国通货膨胀与货币供给和经济增长的关系研究．经济问题，2012（4）．

［21］宫健，高铁梅．我国房价波动对物价波动影响的实证研究——基于门限面板模型的分区制效应研究．上海经济研究，2014（001）．

［22］龚颖安．虚拟经济对实体经济的影响研究．江西财经大学，2010.

［23］郭杰，范志勇．当前中国经济困局的主要成因分析．中国市场，2012（46）．

［24］郭金兴．房地产的虚拟资产性质及其中外比较．上海财经大学学报，2004（2）．

［25］郭松海．建言谋策．北京：中国文史出版社，2014.

［26］郭晖．政策调控、杠杆率与区域房地产价格．厦门大学学报

（哲学社会科学版），2011（4）.

［27］何宜庆，韦媛辉，曾斌．虚拟经济与实体经济互动发展的边际溢出效应分析．南昌大学学报：理科版，2007（5）.

［28］胡谍．房地产市场对宏观经济的影响机制研究．清华大学，2011.

［29］胡国，宋建江．房地产价格波动与区域金融稳定．上海金融，2005（5）.

［30］黄飞雪，金建东．金融危机前后中国房价指数对 CPI 的影响．经济数学，2010（3）.

［31］胡志鹏．"稳增长"与"控杠杆"双重目标下的货币当局最优政策设定．经济研究，2014（12）.

［32］黄飞雪，王云．基于 SVAR 的中国货币政策的房价传导机制．当代经济科学，2010（3）.

［33］黄静，屠梅曾．房地产财富与消费：来自于家庭微观调查数据的证据．管理世界，2009（7）.

［34］黄静，屠梅曾．基于非平稳面板计量的中国城市房价与地价关系实证分析．统计研究，2009（7）.

［35］黄小强．房地产业对我国宏观经济发展的影响——基于合并调整后的投入产出分析．武汉金融，2013（4）.

［36］贾俊雪．中国经济周期波动特征及原因研究．中国人民大学，2006.

［37］贾庆英，孔艳芳．资产价格、经济杠杆与价格传递——基于国际 PVAR 模型的实证研究．国际金融研究，2016（1）.

［38］贾庆英．房地产产业关联的国际比较——基于非竞争型投入产出表．现代管理科学，2014（9）.

［39］姜春海．中国房地产市场投机泡沫实证分析．管理世界，2006（12）.

［40］孔凡文，刘宁，娄春媛子．房地产业与相关产业关联度分析．沈阳建筑大学学报（自然科学版），2005（3）.

［41］况伟大.FDI 与房价.经济理论与经济管理，2013（2）.

［42］况伟大.房地产业关联效应研究.中国城市经济，2006（5）.

［43］况伟大.房价变动与中国城市居民消费.世界经济，2011（10）.

［44］李春风，刘建江，陈先意.房价上涨对我国城镇居民消费的挤出效应研究.统计研究，2014（12）.

［45］李宏，曹宁.房地产市场对银行收益的系统性影响研究——以美国，中国香港，中国大陆市场为例.财经研究，2009（11）.

［46］李佳霖.民营经济：稳增长中的重要力量.中小企业管理与科技，2012（26）.

［47］李克强.关于深化经济体制改革的若干问题.求是，2014（9）.

［48］李岚，杨红旭.房地产业作为支柱产业还将持续 20 年.中国房地产，2006（9）.

［49］李平，许家云.国际智力回流的技术扩散效应研究——基于中国地区差异及门槛回归的实证分析.经济学（季刊），2011（3）.

［50］李世美，韩庆兰，曾昭志.房地产价格的货币沉淀效应研究.管理评论，2012（4）.

［51］李晓西，杨琳.虚拟经济，泡沫经济与实体经济.财贸经济，2000（5）.

［52］李玉杰，王庆石.房地产业对相关产业带动效应的国际比较研究.世界经济与政治论坛，2010（6）.

［53］连玉君，程建.不同成长机会下资本结构与经营绩效之关系研究.当代经济科学，2006（2）.

［54］梁云芳，高铁梅，贺书平.房地产市场与国民经济协调发展的实证分析.中国社会科学，2006（3）.

［55］梁云芳，张同斌，高玲玲.房地产资本税对房地产业及国民经济影响的实证研究.统计研究，2013（5）.

［56］林左鸣.虚拟价值引论——广义虚拟经济视角研究.北京航

空航天大学学报（社会科学版），2005（3）.

［57］刘福垣．我国房地产业结构失衡的根源及对策．计划与市场探索，2003（6）.

［58］刘金全．虚拟经济与实体经济之间关联性的计量检验．中国社会科学，2004（4）.

［59］刘骏民，王国忠．虚拟经济稳定性、系统风险与经济安全．南开经济研究，2004（6）.

［60］刘骏民，肖红叶．以虚拟经济稳定性为核心的研究——全象资金流量观测系统设计．经济学动态，2005（3）.

［61］刘骏民，张国庆．虚拟经济介稳性与全球金融危机．江西社会科学，2009（7）.

［62］刘骏民．经济增长、货币中性与资源配置理论的困惑——虚拟经济研究的基础理论框架．政治经济学评论，2011（4）.

［63］刘骏民．从虚拟资本到虚拟经济．济南：山东人民出版社，1998.

［64］刘骏民．虚拟经济的经济学．开放导报，2008（6）.

［65］刘骏民，伍超明．虚拟经济与实体经济关系模型——对我国当前股市与实体经济关系的一种解释．经济研究，2004（4）.

［66］刘骏民．虚拟经济的理论框架及其命题．南开学报，2003（2）.

［67］刘林，朱孟楠．货币供给，广义货币流通速度与物价水平——基于非线性 LSTVAR 模型对我国数据的实证研究．国际金融研究，2013（10）.

［68］刘霞辉．资产价格波动与宏观经济稳定．经济研究，2002（4）.

［69］刘晓欣．美国经济虚拟化与投入产出关联系数的重大变化——美国投入产出表（1947～2010）数据的经验研究．第七届虚拟经济年会报告，2012（10）.

［70］刘晓欣．虚拟经济研究八个前沿问题（续）．开放导报，2009

（1）.

［71］刘晓欣．虚拟经济研究八个前沿问题．开放导报，2008（6）.

［72］刘晓欣．虚拟经济与价值化积累——从虚拟经济角度认识当代资本积累．当代财经，2005（12）.

［73］刘晓欣．虚拟经济与价值化积累：经济虚拟化的历史与逻辑．天津：南开大学出版社，2005.

［74］刘晓欣，贾庆英．房地产业价格变动对物价的影响——国际比较及启示．现代财经（天津财经大学学报），2014（8）.

［75］刘晓欣，贾庆英．应理性认识房地产业对经济的影响［J］．经济纵横，2015（4）.

［76］刘学良．宏观经济视角下的中国房产市场价格研究．南开大学，2012.

［77］卢莉倩．中国房地产价格波动的宏观经济效应实证研究．宁波大学，2009.

［78］罗涛，樊纲治．不确定经济环境下稳增长目标的贯彻与地方投资战略，经济学（季刊），2013（4）.

［79］孟令国，邓学衷．虚拟经济对实体经济的影响及建议．广东社会科学，2000（6）.

［80］皮舜，武康平．房地产市场发展和经济增长间的因果关系——对我国的实证分析．管理评论，2004（3）.

［81］任碧云，梁垂芳．货币供应量对居民消费价格指数与房屋销售价格指数的影响——基于 1978～2009 年中国经验数据的分析．中央财经大学学报，2011（1）.

［82］荣昭，王文春．房价上涨和企业进入房地产——基于我国非房地产上市公司数据的研究．金融研究，2014（4）.

［83］阮加，刘延平．次贷危机的成因与房地产金融风险防范．管理世界，2009（5）.

［84］沈悦，刘洪玉．住宅价格与经济基本面：1995－2002 年中国14 城市的实证研究．经济研究，2004（6）.

［85］史永东，陈日清．不确定性条件下的房地产价格决定：随机模型和经验分析．经济学（季刊），2009（1）.

［86］宋勃，高波．国际资本流动对房地产价格的影响——基于我国的实证检验（1998－2006年）．财经问题研究，2007（3）.

［87］宋立．积极财政政策要发挥"加油门"的主导作用．经济研究参考，2012（71）.

［88］谭晓红．我国房地产价格波动与金融风险研究．西南财经大学，2012.

［89］谭政，陈铭．房价波动与金融危机的国际经验证据：抵押效应还是偏离效应．世界经济，2012（3）.

［90］谭政勋，魏琳．信贷扩张，房价波动对金融稳定的影响．当代财经，2010（9）.

［91］谭政勋．次贷危机对我国上市银行股价波动及金融稳定的影响．暨南学报（哲学社会科学版），2012（12）.

［92］谭政勋．房价，CPI与货币政策传导机制的中美比较研究．亚太经济，2013（1）.

［93］谭政勋．利润率下降，信贷扩张与房价波动——来自跨国面板数据的经验证据．经济学家，2012（5）.

［94］唐建伟．资产价格波动与宏观经济稳定．复旦大学，2004.

［95］汤敏．中国经济"稳增长"的深层制约因素及其破解策略．甘肃社会科学，2013（5）.

［96］王爱俭，温博慧．虚拟经济的波动特征与演化路径——基于复杂性科学的研究．南开经济研究，2007（1）.

［97］王爱俭．虚拟经济与实体经济的关系研究．现代财经：天津财经学院学报，2003（1）.

［98］王国军，刘水杏．房地产业对相关产业的带动效应研究．经济研究，2004（8）.

［99］王来福，郭峰．货币政策对房地产价格的动态影响研究——基于VAR模型的实证［J］.财经问题研究，2008（11）.

[100] 王洪波．我国虚拟经济对实体经济增长效应的实证分析．海南金融，2012（6）．

[101] 王靖华．"稳增长"决策的现实背景与政策措施．金融理论与教学，2013（1）．

[102] 王千．房地产的虚拟性与宏观经济稳定．中国工业经济，2006（12）．

[103] 王千．房地产虚拟资产特性与宏观经济稳定．北京：经济科学出版社，2008.

[104] 王文斌．我国房地产价格波动形成机制及影响因素研究．南开大学博士学位论文，2010.

[105] 王文春，荣昭．房价上涨对工业企业创新的抑制影响研究．经济学（季刊），2014（1）．

[106] 王先柱．VAR 模型框架下房地产业与经济增长关系的实证检验．经济问题，2007（7）．

[107] 王晓明．银行信贷与资产价格的顺周期关系研究．金融研究，2010（3）．

[108] 王岳龙，武鹏．房价与地价关系的再检验——来自中国 28 个省的面板数据．南开经济研究，2009（4）．

[109] 王子龙，许萧迪．房地产市场广义虚拟财富效应测度研究．中国工业经济，2011（3）．

[110] 魏杰，施戍杰．中国当前经济稳增长的重点应当放在哪里？经济问题探索，2012（9）．

[111] 巫和懋，张帆．抵押贷款违约率对房价变化的分段响应：理论，证据和含义．国际金融研究，2010（12）．

[112] 吴海民．资产价格波动，通货膨胀与产业"空心化"——基于我国沿海地区民营工业面板数据的实证研究．中国工业经济，2012（1）．

[113] 伍超明．虚拟经济与实体经济背离关系研究．天津师范大学，2003.

［114］武康平，胡谍．房地产价格在宏观经济中的加速器作用研究．中国管理科学，2011（1）．

［115］项卫星，李宏瑾，白大范．银行信贷扩张与房地产泡沫：美国，日本及东亚各国和地区的教训．国际金融研究，2007（3）．

［116］肖崎．流动性，杠杆率与金融稳定．金融发展研究，2010（10）．

［117］闫妍，薛欣，朱晓武．房地产及其金融衍生品的虚拟价值研究．广义虚拟经济研究，2011（3）．

［118］颜色，朱国钟．"房奴效应"还是"财富效应"？房价上涨对国民消费影响的一个理论分析．管理世界，2013（3）．

［119］叶欣，王婕．宏观经济环境下我国银行贷款和房价动态影响关系：基于 SVAR 模型的实证分析．管理评论，2013（9）．

［120］易宪容．房地产市场几个重大理论问题反思．河南金融管理干部学院学报，2006（5）．

［121］殷波．房地产泡沫与金融危机．华中科技大学，2010．

［122］张传勇．房价与收入分配的内生性及其互动关系．统计研究，2014（1）．

［123］张清勇，年猛．中国房地产业关联度高、带动力强吗——兼论房地产业的定位．财贸经济，2012（10）．

［124］张所地，赵华平，李斌．房地产宏观调控影响下的房价与租金关系研究——基于中国 35 个大中城市面板数据的实证分析．数理统计与管理，2014（2）．

［125］张亚丽，梁云芳，高铁梅．预期收入，收益率和房价波动——基于 35 个城市动态面板模型的研究．财贸经济，2011（1）．

［126］张云，刘骏民．全球流动性膨胀与国际货币体系危机．上海金融，2008（9）．

［127］赵胜民，方意，王道平．金融信贷是否中国房地产、股票价格泡沫和波动的原因——基于有向无环图的分析．金融研究，2012（12）．

［128］郑忠华．房地产资产，经济扰动和宏观经济波动．南开大学，2012.

［129］周京奎．房地产价格波动与投机行为——对中国 14 城市的实证研究．当代经济科学，2005（4）.

［130］周京奎．房地产投机理论与实证研究．当代财经，2004（1）.

［131］周京奎．金融支持过度与房地产泡沫：理论与实证研究．北京：北京大学出版社，2005.

［132］祝宪民．房地产的虚拟性与经济波动．南开经济研究，2005（2）.

［133］祝宪民．房地产的实物资产和虚拟资产双重属性研究．广东社会科学，2013（4）.

［134］庄健．"稳增长、调结构、防通胀"将成主基调．中国社会科学报，2009 - 12 - 15.

［135］左小蕾．让民间资本成为稳增长的主力．中国金融，2012（12）.

［136］Ahearne, A. G., Ammer, J. and Doyle, B. M., et al. 2005：House prices and monetary policy：A cross-country study, International finance discussion papers.

［137］Ando, A. andModigliani, F., 1963：The "life cycle" hypothesis of saving：Aggregate implications and tests, The American economic review. Vol. 53, No. 1.

［138］Anundsen, A. K. andJansen, E. S., 2013：Self-reinforcing effects between housing prices and credit, Journal of Housing Economics, Vol. 22, No. 3.

［139］Attanasio, O., Battistin, E. and Fitzsimons, E., 2005：How effective are conditional cash transfers? Evidence from Colombia.

［140］Bajari, P., Chu, C. S. and Park, M., 2008：An empirical model of subprime mortgage default from 2000 to 2007, National Bureau of

Economic Research.

[141] Belke, A., Orth, W. andSetzer, R., 2010: Liquidity and the dynamic pattern of asset price adjustment: A global view, Journal of Banking & Finance, Vol. 34, No. 8.

[142] Bernanke, B. S. and Gertler, M., 1995: Inside the black box: the credit channel of monetary policy transmission, National bureau of economic research.

[143] Binswanger, M., 1999: Stock markets, speculative bubbles and economic growth: New dimensions in the co-evolution of real and financial markets, Cheltenham: Edward Elgar.

[144] Calza, A., Manrique, M. and Sousa. J., 2006: Credit in the euro area: An empirical investigation using aggregate data, The Quarterly Review of Economics and Finance, Vol. 46, No. 2.

[145] Campbell, J. Y. andCocco, J. F., 2007: How do house prices affect consumption? Evidence from micro data, Journal of Monetary Economics, Vol. 54, No. 3.

[146] Case, K. E., Quigley, J. M. andShiller, R. J., 2005: Comparing wealth effects: the stock market versus the housing market, Advances in macroeconomics, Vol. 5, No. 1.

[147] Cella, G., 2010: The Input – Output Measurement of Interindustry Linkages, Oxford Bulletin of Economics and Statistics, Vol. 48, No. 4.

[148] Chami, R., Comsimano, T. F. and Fullenkamp, C., 1999: The Stock Market Channel of Monetary Policy. IMF, Working Paper.

[149] Chaney, T., Sraer, D. and Thesmar, D., 2010: The collateral channel: How real estate shocks affect corporate investment, National Bureau of Economic Research.

[150] Collyns, C. and Senhadji, A., 2002: Lending Booms, Real Estate Bubbles, and The Asian Crisis, Quelle: International Monetary Fund –

IMF, Working Paper.

［151］ Davis, B. A. , Heathcote, C. R. and O'Neill, T. J. , 2001: Estimating cohort health expectancies from cross-sectional surveys of disability, Statistics in Medicine, Vol. 20, No. 7.

［152］ Davis, E. P. andZhu, H. , 2004: Bank lending and commercial property cycles: some cross-country evidence, Journal of International Money & Finance, Vol. 30, No. 1.

［153］ Debelle, G. , 2004: Macroeconomic implications of rising household debt, working paper.

［154］ Dietzenbacher, E. andLinden, J. A. V. D. , 1997: Sectoral and spatial linkages in the EC production structure, Journal of Regional Science, Vol. 37, No. 2.

［155］ Disney, R. , Henley, A. andJevons, D. , 2002: House price shocks, negative equity and household consumption in the UK in the 1990s, Royal Economic Society Annual Conference.

［156］ Duca, J. V. , Muellbauer, J. andMurphy, A. , 2010: Housing markets and the financial crisis of 2007 – 2009: lessons for the future, Journal of Financial Stability, Vol. 6, No. 4.

［157］ Dvornak, N. andKohler, M. , 2007: Housing wealth, stock market wealth and consumption: a panel analysis for Australia, Economic Record, Vol. 83, No. 261.

［158］ Modigliani, F. , 1971: Monetary policy and consumption. Federal reserve bankof Boston (Ed.), Conference Series.

［159］ Fan, G. Z. , Huszár, Z. R. andZhang, W. , 2013: The relationships between real estate price and expected financial asset risk and return: Theory and empirical evidence, The Journal of Real Estate Finance and Economics, Vol. 46, No. 4.

［160］ Fisher, I. , 2006: The Purchasing Power of Money: Its' Determination and Relation to Credit Interest and Crises. Cosimo, Inc.

［161］Gan, J. , 2007: Collateral, debt capacityand corporate investment: Evidence from a natural experiment, Journal of Financial Economics, Vol. 85, No. 3.

［162］Gaspareniene, L. , Venclauskiene, D. andRemeikiene, R. , 2014: Critical Review of Selected Housing Market Models Concerning the Factors that Make Influence on Housing Price Level Formation in the Countries with Transition Economy, Procedia – Social and Behavioral Sciences.

［163］Girardi, L. , Rubele, S. andKerber, L. , 2009: Discovery of two distinct red clumps in NGC 419: a rare snapshot of a cluster at the onset of degeneracy, Monthly Notices of the Royal Astronomical Society: Letters, Vol. 394, No. 1.

［164］Glaeser, E. L. , 2013: A nation of gamblers: Real estate speculation and American history, National Bureau of Economic Research.

［165］Glick, R. andLansing, K. J. , 2010: Global household leverage, house prices, and consumption, FRBSF Economic Letter.

［166］Goetzmann, W. N. , Peng, L. andYen, J. , 2012: The subprime crisis and house price appreciation, The Journal of Real Estate Finance and Economics, Vol. 44, No. 1.

［167］Goodhart, C. andHofmann, B. , 2000: Do asset prices help to predict consumer price inflation? The Manchester School.

［168］Green, R. K. , 1997: Follow the leader: how changes in residential and non-residential investment predict changes in GDP, Real Estate Economics, Vol. 25, No. 5.

［169］Hansen, B. E. , 1999: Threshold effects in non-dynamic panels: Estimation, testingand inference, Journal of econometrics, Vol. 93, No. 2.

［170］Hart, O. and Moore, J. , 1994: Debt and seniority: An analysis of the role of hard claims in constraining management, National Bureau of Economic Research.

[171] Henderson, J. V. andIoannides, Y. M. , 1983: A model of housing tenure choice, The American Economic Revie, Vol. 73, No. 1.

[172] Hofmann, B. , 2003: Bank lending and property prices: Some international evidence, The Hong Kong Institute for Monetary Research.

[173] Holly, S. and Pesaran, M. H. , 2010: Yamagata T. A spatio-temporal model of house prices in the USA, Journal of Econometrics, Vol. 158, No. 1.

[174] Iacoviello, M. andMinetti, R. , 2008: The credit channel of monetary policy: Evidence from the housing market, Journal of Macroeconomics, Vol. 30, No. 1.

[175] Iacoviello, M. , 2004: Consumption, house prices, and collateral constraints: a structural econometric analysis, Journal of Housing Economics, Vol. 13, No. 4.

[176] International Monetary Fund Staff. Global Financial Stability Report, 2011: Durable Financial Stability: Getting There from Here, International Monetary Fund.

[177] Jiménez G, Ongena S. Credit supply and monetary policy: Identifying the bank balance-sheet channel with loan applications, The American Economic Review, 2012 (5).

[178] Khalifa, S. andSeck, O. , 2013: Tobing E. Housing wealth effect: Evidence from threshold estimation, Journal of Housing Economics, Vol. 105, No. 2.

[179] Kholodilin, K. A. andMenz, J. O. , 2010: Siliverstovs B. What drives housing prices down? Evidence from an international panel, Journal of Economics and Statistics (Jahrbuecher fuer Nationaloekonomie und Statistik), Vol. 230, No. 1.

[180] Kiyotaki, N. andMoore, J. , 2008: Liquidity. Business Cycles and Monetary Policy, working paper.

[181] Kocherlakota, N. , 2009: Bursting bubbles: Consequences and

cures, Unpublished manuscript, Federal Reserve Bank of Minneapolis.

[182] Koetter, M. andPoghosyan, T., 2010: Real estate prices and bank stability, Journal of Banking & Finance, Vol. 34, No. 6.

[183] Koivu, T., 2012: Monetary policy, asset prices and consumption in China, Economic Systems, Vol. 36, No. 2.

[184] Leontief, W. W., 1941: Structure of American economy, 1919 – 1929, New York Press.

[185] Learner. E., 2007: Housing Is the Business Cycle, NBER Working Paper 13428.

[186] Love, I. and Zicchino, L., 2006: Financial development and dynamic investment behavior: Evidence from panel VAR, The Quarterly Review of Economics and Finance, Vol. 46, No. 2.

[187] Ludwig, A. and Sløk, T., 2004: The relationship between stock prices, house prices and consumption in OECD countries, Topics in macroecomoncs, Vol. 4, No. 1.

[188] Malpezzi, S. andWachter, S. M., 2005: The role of speculation in real estate cycles, Journal of Real Estate Literature, Vol. 13, No. 2.

[189] Mian, A. R. andSufi, A., 2009: House prices, home equity-based borrowing, and the US household leverage crisis, National Bureau of Economic Research.

[190] Miao, J., Wang, P. andZhou, J., 2014: Housing bubbles and policy analysis. Unpublished Working Paper, Boston University and HKUST.

[191] Miao, J. andWang, P., 2014: Sectoral bubbles, misallocation, and endogenous growth, Journal of Mathematical Economics, Vol. 53, No. 8.

[192] Davis M A, Van Nieuwerburgh S. Housing, finance and the macroeconomy, National Bureau of Economic Research, 2014.

[193] Davis, B. A., Heathcote, C. R. and O'Neill, T. J., 2001:

Estimating cohort health expectancies from cross-sectional surveys of disability, Statistics in Medicine, Vol. 20, No. 7.

[194] Nguyen, Q. H., 2013: Housing investment: What makes it so volatile? Theory and evidence from OECD countries, Journal of Housing Economics, Vol. 22, No. 3.

[195] Oikarinen, E., 2009: Interaction between housing prices and household borrowing: The Finnish case, Journal of Banking & Finance, Vol. 33, No. 4.

[196] Pagano, R. V., 1990 – 4 – 24: Housing for a surveillance camera: U. S. Patent 4, 920, 367.

[197] Paiella, M., 2009: The stock market, housing and consumer spending: a survey of the evidence on wealth effects, Journal of economic surveys, Vol. 23, No. 5.

[198] Pan, H. and Wang, C., 2013: House prices, bank instability, and economic growth: Evidence from the threshold model, Journal of Banking & Finance, Vol. 37, No. 5.

[199] Reinhart, C. M. and Rogoff, K., 2009: This time is different: eight centuries of financial folly, Princeton University Press.

[200] Sagalyn, L. B., 1990: Real estate risk and the business cycle: evidence from security markets, Journal of Real Estate Research, Vol. 5, No. 2.

[201] Schultz, S., 1977: Approaches to identifying key sectors empirically by means of input-output analysis, The Journal of development studies, Vol. 14, No. 1.

[202] Setzer, R. andGreiber, C., 2007: Money and Housing: Evidence for the Euro Area and the US, working paper.

[203] Shen, X., Holmes, M. J. and Lim, S., 2013: Wealth Effects and Consumption: A Panel VAR Approach, International Review of Applied Economics, Vol. 29, No. 2.

[204] Shiller, R. J. , 2007: Understanding recent trends in house prices and home ownership, National Bureau of Economic Research.

[205] Shiller, R. J. , 2014: Why Is Housing Finance Still Stuck in Such a Primitive Stage? The American Economic Review, Vol. 104, No. 5.

[206] Shleifer, A. andVishny, R. W. , 2010: Fire sales in finance and macroeconomics, National Bureau of Economic Research.

[207] Simo – Kengne, B. D. , Balcilar, M. andGupta, R. , 2013: Is the relationship between monetary policy and house prices asymmetric across bull and bear markets in South Africa? Evidence from a Markov-switching vector autoregressive model, Economic Modelling, Vol. 32, No. 2.

[208] Skinner, D. J. , 1994: Why firms voluntarily disclose bad news, Journal of accounting research, Vol. 32, No. 1.

[209] Šonje, A. A. and Časni, A. Č. , 2012: Vizek M. Does housing wealth affect private consumption in European post-transition countries? Evidence from linear and threshold models, Post – Communist Economies, Vol. 24, No. 1.

[210] Sousa, R. M. , 2010: Housing wealth, financial wealth, money demand and policy rule: evidence from the euro area, The North American Journal of Economics and Finance, Vol. 21, No. 1.

[211] Stein, J. C. , 1993: Prices and trading volume in the housing market: A model with down-payment effects. National Bureau of Economic Research.

[212] Stiglitz, J. E. , 1981: Weiss A. Credit rationing in markets with imperfect information, The American economic review, Vol. 71, No. 3.

[213] Stock, J. H. and Watson, M. W. , 2001: Forecasting output and inflation: the role of asset prices, National Bureau of Economic Research.

[214] Svensson. L. E. O. andWerner, I. M. , 1993: Nontraded assets in incomplete markets: Pricing and portfolio choice, European Economic Re-

view，Vol. 37，No. 5.

［215］Tsatsaronis，K. and Zhu，H.，2004：What drives housing price dynamics：cross-country evidence，Bis quarterly review.

［216］Xu，X. E. and Chen，T.，2012：The effect of monetary policy on real estate price growth in China，Pacific – Basin Finance Journal，Vol. 20，No. 1.

［217］Zhang，C.，2013：Money，housing，and inflation in China，Journal of Policy Modeling，Vol. 35，No. 1.